制霸考場！

1張紙最強記憶學習法

大量に覚えて絶対忘れない
「紙1枚」勉強法

序

大量記憶且永不忘記的「1張紙學習法」

首先非常感謝您翻閱此書。

您拿起這本書的理由是什麼呢？

「我很擔心自己的未來，不知道應該怎麼做才好。」

「薪水低，也沒有存款，到底該怎麼辦？」

「盡心盡力準備證照考試，卻三番兩次遭遇挫折。」

即使如此也沒關係，請您放心。

這本書將介紹一種，連像我這樣**不擅長學習，做什麼都三分鐘熱度的人，也能夠持續進行的學習方式**。

一邊工作一邊自學，3年內考取9張證照

大家好，我是棚田健太郎。作為一名不動產顧問，我一邊就不動產的收購、處置、管理和投資提供建議，也同時經營Youtube頻道「棚田行政書士的不動產大學（原文：棚田行政書士の不動産大学）」。

在這本書中，我將介紹一種**「可以大量記憶且永不忘記」的學習方式**。

我寫這本書的契機，是希望多一人也好，讓更多人得以「透過學習改變自己的人生」。我目前持有以下九種日本國內證照：

- 行政書士
- 宅地建物取引士（簡稱「宅建士」，類似台灣的房地產經紀人）

- 公寓大廈事務管理人員
- 管理業務主任
- 商業法專家級®
- 2級金融規劃技術員
- 租賃不動產經營管理士
- 保證金診斷師
- 老年生活遺產顧問

這些證照全部都是我一邊工作一邊自學，在三年內考到。我並不是特別擅長讀書的類型，最終學歷也只有專科畢業。

我並非一開始就懂得掌握要領、順利考到所有證照。事實上，第一次報考宅建士證照時，雖然我廢寢忘食埋頭苦讀，最終還是以失敗收場。

苦讀1年卻落榜，怎麼會這樣？

當時我還在公司上班，每天業務非常繁忙，很難騰出時間去補習，因此我的目標是靠自己努力自學通過考試。

從下定決心那天開始，下班回家之後勤讀三小時書成為我每天的日常。沒想到苦讀到最後，卻以一分之差落榜。我當時是這樣讀書的：

- 不斷反覆做考古題
- 詳讀參考書並背下內容
- 利用跟讀加強記憶（聽一段音檔後，立刻跟著複誦）

我徹底執行這三件事，但千言萬語都無法表達，我在經過一整年努力之後落榜的心情，我覺得自己所做的一切，在放榜那刻都被全盤否定。

不擅長讀書就沒救了嗎？

如果已經投入這麼多時間還是考不過，那麼一定是從根本的做法上就出了錯。

「大多數傳授學習方法的，都是高學歷且頭腦很好的人。他們的方式可能不適用在我身上。難道沒有方法適合不擅長讀書的人嗎？一定很多人需要吧！」

因此，我決定再給自己一年的時間，將自己當作實驗對象，創造出最強的學習方式。我希望這個學習法除了能讓自己順利合格，其他人來使用也沒有隔閡。

為了達到這個目標，若不是完全靠自學（不去補習），或是無法一邊工作或上學一邊準備的話，就沒有意義了。

一旦記住了，就絕對不會忘記的學習法

我決定重新審視自己過去的學習方法，此時我腦中浮現的想法是：

有一種「永遠不會忘記的」學習法

透過「計畫性」複習，絕對不會忘記！

「只要將內容記起來，就能合格」

考試考不好是因為回答了錯誤的答案。而答錯的原因，大部分是由於「不記得」。雖然聽起來很理所當然，卻是考過與否的關鍵要素。

以證照或檢定來說，除了像律師執照這種極富挑戰性的考試之外，其他證照考試所需要具備的知識量，絕對沒有龐雜到令人無法記住的地步。

即便如此還是**落榜的原因，就是因為「忘記」**。

也就是說，如果不會忘記的話，無論是誰都有考取證照的機會。

如果可以建立一套**確保不會忘記所**

學內容的機制，一直維持到考試當天，那麼這些內容在考試時自然就會再現於腦海中，幫助你順利作答。

此時我參考了某位落語家在背誦段子時使用的方式。要做的事情非常簡單。

為了避免忘記所學的東西，必須**「在忘記之前想起來」**。而為了達到這個目標，因而誕生出了「一張紙學習法」。

- **絕對不會忘記曾經背過的內容**
- **有效控管複習進度，大幅提升學習效率**
- **透過「具體化進度」維持讀書的動力**

建立好這套學習模式並執行之後，就如前面所述，我在短短三年內考取了九張證照。此外，這種學習方式不僅可以用在考取證照，也可以應用於入學考試、公務員考試以及所有其他的考試（例如背英文單字或是背歷史）。

即使一邊工作、時間很少也沒問題！

備考需要時間，尤其對於大考在即，或是出了社會以後的人來說，「沒有時間」就是最大的高牆。

每天都要上班、上學，或是整天忙於家務，即使心想「好像該去考張證照」也會因為「別說補習了，每天要抽空唸書都不容易」而打退堂鼓。

不過，絕對沒問題，**現有的工作與備考，絕對有辦法兩者兼顧**。

我自己本身就是在業務最繁忙的時期，只憑著市售的試題本及參考書，靠著完全自學考取了九張證照。

- **徹底活用歷屆試題本（參考書是補充教材）**
- **透過「邊聽邊讀」爭取每天至少兩到三小時的學習時間**
- **學會「動力管理」，達到短時間高質量的學習效果**

我所下的這些工夫，將會毫無保留在本書中分享給大家。因此，即使是忙到抽不出時間讀書的人，也能完全靠自學來考取證照。

如果你讀了這本書並付諸行動，一定會看到效果。

現在，你正面臨著「日常生活過於繁忙」和「騰不出學習時間」這兩道巨大的高牆，不過，只需要一點「機制」就能突破這個阻礙。

書中包含大量「考前衝刺」的訣竅！

本書中也會向各位介紹我親身實踐過的**「考前六個月、考前兩個月、考前兩個星期」的學習方式**以及**「考試當天」一口氣提高分數的技巧**。全部都是「一邊工作一邊準備」、「完全自學」、「一次考上」不可或缺的技巧。

本書是我所寫的第一本著作。

我強烈的期望，翻閱這本書的所有讀者，都能透過學習改變人生，我帶著這樣的心情寫下這本書。我在此承諾，將我所擁有的知識毫不吝惜完全公開。

目次

第1章

只要1張紙！永不忘記的「大量記憶法」

第2章 一心二用！邊聽邊學的超高效學習方式

第3章 做好動力管理，擁有開外掛般的讀書效率

第4章 考前6個月、2個月、2週的致勝讀書計畫

第5章

正式上場！考試日當天的搶分攻略

第6章

短時間考取多張證照的戰略——「同時報考」

序章

一邊工作
一邊成功考取
9張證照

「你連一張證照都沒有耶」

「沒有必要非考證照不可吧。」

身為一間上市上櫃不動產公司的冠軍業務，我打從心底這麼認為。不需要任何證照，只要有跑業務的能力就能往上爬，沒有任何問題。

如此深信不疑的我，如今卻考取了九張證照，契機是與一位社長交換了名片。

「你連一張證照都沒有耶。」

當時，我已經離開企業，投入專為中小型不動產公司提供諮詢的新事業，到許多公司毛遂自薦。正是在這種情況下，終於願意面談的社長對我說了這一句話。

離開公司之後面臨的現實

我在上市企業工作的時候，周圍的人都知道我的業績成就，所以我說的話自然而然帶有說服力和信賴感。但是當我離開公司到外面闖蕩，很快就碰壁了。在那之前，我一直屬於「不在乎證照」的那一派，進入社會後完全沒有再讀書學習。但是此時，我第一次意識到，證照是為了什麼而存在。

如果你有宅建士證照（日本的不動產經紀人證照），不需要洋洋灑灑列舉自己在不動產業的業績，只需要掏出名片，就能讓對方信服。

如果你有公寓大廈事務管理人員的證照，在別人眼中就是相關法律的專家。

我在此刻醒悟，**證照是向他人展現自己能力的「重要工具」**。

沒有證照就無法從事的工作

日本的宅建士必須經過國家考試，是每間不動產公司都必須配置的職位。按照

「證照」比「實績」更重要

法規，所有不動產交易在簽訂租賃或買賣契約之前，都必須進行「重要事項說明」的環節。而這個環節，只有擁有宅建士資格的人才能執行。

以前我雖然是業績第一的業務，但由於不是宅建士，無法進行重要事項說明，所以會把這部分工作交託給擁有資格的人。當時，大多數冠軍業務員都沒有宅建士證照，我也完全沒有意識到考取宅建士證照的重要性。

有些人認為「宅建士證照沒什麼用處」，因為擁有宅建士資格的人數遠比其他國家資格考試的人數還多，截至二〇二〇年已經有超過一萬人。然而事實上，「考取的人很多＝沒有證照稀少的價值性＝沒有用」的想法並不正確。

在不動產業界找工作、換工作及創業的過程當中，我親身體驗到「擁有宅建士證照」也許不是一項加分的優勢，然而，**「沒有宅建士證照」卻是一個很大的扣分因素**。

如同前面所述，**儘管我曾經身為上市企業中業績第一的冠軍業務員，但是，一旦走出公司，這些業績就毫無用武之地了**。相反地，一直以來我不以為然的「宅建士」證照，還比過去的業績更有說服力。

會考試真的能改變人生！我考取證照後的4大好處

過去，我曾經對考取證照有著下列印象：

- 「很會讀書的人」努力的目標
- 「對銷售技巧沒自信的人」努力的目標
- 需要上補習班，而且要付出相當高額費用

我沒有上過大學，更不用說法學院了，而且我從來就不是擅長讀書的類型。我對考取證照完全沒有興趣，一開始就認為這對我來說是件不可能的事情。

此外，我當時對考取證照有著「需要購買高額的教材，每週要補習好幾次才能

合格」的印象。執得慶幸的是，我對自己跑業務的能力比別人更有自信，因此即使在沒有任何證照的情況之下，在公司內也幾乎沒有碰到什麼令我困擾的事情。

但這樣的我在考取證照之後，卻實際獲得了下列四項好處。

好處①技術和能力更受到信任

說到證照，大家的重點可能會放在「擁有證照才能從事的工作」。然而，比起這件事更重要的是，你**已經合格取得證照的這個「事實」**。

這一點的好處，遠遠超越各位的想像。

舉例來說，各位正在閱讀我所寫的書籍，但如果我的經歷只是一位「沒有取得證照，只是對於考證照很了解的人」，還會有人想要繼續往下閱讀嗎？

正因為我的經歷是個「靠市售考古題與參考書，一邊自學一邊兼顧工作與家庭，在三年內考取了九張證照。而且還是個不擅長讀書的專科畢業生」，因此各位才會對接下來發生的事產生興趣。

就像這樣，各位已經在無意識當中感受到了證照帶來的影響力。

好處②人生的選擇變得更多

假如有一位在餐飲業工作的人想要轉職進入不動產業界，雖然不是不可能，但是被雇用的機率並不高。

相對之下，假如是一位「在餐飲業界一邊工作一邊讀書，並考取了宅建士證照」的人想要轉職到不動產業界的話，你認為會如何呢？

雖然沒有經驗，但是至少持有一張在業界備受重視的宅建士證照，這絕對能夠帶來正面的影響力。

最重要的是，**「一邊工作一邊考證照的積極態度」與「考取證照的實績」，不論考到的是什麼證照，都會受到高度好評**吧。

證照資格是跨界轉職的墊腳石，換句話說，它可以豐富你的人生選擇。

好處③工作的視野更加開闊

我曾經對於在證照考試中學到的知識能否活用在工作上感到困惑。因為我一直認為「書桌上的知識，在跑業務的實戰現場上沒有用處」。

但是，這樣的擔心終究是杞人憂天。

在準備業界相關的證照考試時，我發現像是**「為什麼流程會是這樣？」「這些文件的用意是什麼？」「為什麼需要這些繁瑣的手續？」這一類曾經在實際工作上碰到的疑問，都漸漸像有一條線將它們串連了起來**。

舉例來說，在租約的重要事項說明的最後，有一句話是「我同意支付一個月的租金作為仲介報酬」，這句話需要租戶特別單獨簽章。當時身為一個新人的我不理解為什麼必須這樣做。

後來，在準備宅建士證照考試時才瞭解到，「沒有租戶的同意，就無法拿到租戶給的一個月仲介費」這件事。

就像這樣，透過準備證照考試，意外我更深入理解工作流程所代表的含意。

這些知識乍看不要緊，但當你自己成為負責人，或是獨立創業時，卻能夠幫助你毫不猶豫做出決斷，對自己的工作更有自信。

好處④提高工作的動力

證照考試的好處是，你可以自行設定目標。

攏統讀過一本書可能會為你帶來知識，但不會使你具備技能。但**若是朝考取證照這個目標每天持續學習，就能提高你工作的動力。**

最後，成功考取證照時，也會對自己產生很大的信心，對未來的工作湧現積極的態度，對於換工作或是創業的疑慮也會減輕，人生因此多出更多的選項。

幫助你從「茫茫人海」中脫穎而出的聚光燈

每當談論到證照相關的話題時，經常會被問到：「那個證照有用嗎？」我所擁有的證照，例如宅建士以及行政書士等，有時候會被說是「沒用」的證照，但絕對沒這回事。**證照並非沒有用處，只是我們不知道如何發揮它的效用**。

撇除「證照沒有用」的謬思

那些說「證照沒有用」的人，經常把證照本身當成工作或職業來看待。如果他們在拿到證照之後，沒有立即找到工作或是薪水沒有上升，就會認為那張證照毫無用處。

但是，這種想法大錯特錯。證照本身並非一種職業，而是為了得到工作的「踏板」。無論一張證照多有用，如果本人沒有充分發揮它的效用，就是一張紙而已。

證照在職涯上的兩項優勢

證照最大的優勢，就是**「說服力」**與**「信賴感」**。

舉例來說，一位具有宅建士資格的人，就其本身而言，找工作時的有利條件就會比無證照者多一點，這是無庸置疑的事情。

那麼，如果再加上擁有FP（理財規劃師）證照的話，會變得如何呢？宅建士的證照可以帶來「具有不動產相關法律知識」的安心感，**再加上理財規劃師證照後，就又增加了「能夠對財務問題提供專業建議」的附加價值**。

當我通過行政書士考試時，有人對我說：「行政書士證照有什麼用？」的確，街上行政書士事務所的數量可能跟便利商店一樣多，即使通過證照考試，並不意味著能夠在業界大放異彩。

結合不同的證照，就能從群眾中脫穎而出

具有財務強項的宅建士　　具有市場行銷強項的稅理士

然而，我有著對不動產業界相當熟悉的基礎，與行政書士證照相結合之後，能夠將業務衍伸到各式各樣不同的方向，例如企業顧問等，而非只是一般的行政書士工作。

在考慮轉職或自行創業時，**擁有多項證照將會是一個很大的優勢，能夠在尚未建立實績的環境中，為自己在本身的技能外，增加更多附加價值**。

在動盪的時代中，靠公司不如靠自己穩固

隨著終身雇用制的瓦解，轉職與自行創業變得越來越普遍，而社會的高齡化則**增加了退休後繼續工作的需求**。像過去那樣只是每天為公司賣命效力，在現代來說已經是一種風險。

有許多人受到新冠肺炎（COVID-19）的影響而被解雇。

我看到電視上播放著一則大型連鎖餐廳裁員的新聞，在那當中，有一位員工的言論引起了我的注意。

「我氣憤到快哭出來了。我付出如此多心血，公司卻這樣對我。」

僅僅透過這句話就能清楚了解「這個人至今為公司投入相當多努力」。然而，為公司效命雖然令人欽佩，但是這樣的價值觀在未來需要改變。因為在我看來，**為**

公司效命，不過是「對公司的依賴」罷了。

只有自己才能保護好自己

無論你為公司盡了多少心力，在發生像是新冠肺炎這樣的情況時，依然會被毫不留情地解雇。這不是公司的錯，在企業經營上是理所當然的事情。**即使你為公司盡心盡力，公司也只能以營運的立場來做決策**。

既然身處在這樣動盪的時代，就不應該凡事都依賴公司，而是透過考取證照來磨練自己的技能，事先做好隨時都能轉職的準備，如果有必要，也可以從事副業或自行創業。這樣的心態，才是能夠在動盪時期生存下來，守護自己以及家人的最佳避險手段。

第 1 章

只要1張紙！永不忘記的「大量記憶法」

明明已經記住了，為什麼又「忘記」？

雖然有點突然，不過請問你昨天午餐吃了什麼呢？想起來的人，我再問你，三天前的午餐吃了什麼？想必已經忘記了吧？

人雖然可以記得最近發生的事情，但只要了幾天就會忘記。在學習上也會發生同樣的事情。這是我在準備考行政書士證照時的事。我花了三個多月的時間讀完了行政法，開始讀憲法，但當我在過了一個月後想要做行政法的試題時，卻驚訝發現我已經忘記了讀過的內容。

像我這樣「不擅長讀書的人」，絕對會在考試前就忘記自認為已經記起來的內容。雖然我也經常讀書讀到半夜，但不論再怎麼增加讀書的時間，都無法確實記足考試合格所需要的知識量。

不能做的讀書方法

像是宅建士或是行政書士這樣的證照考試，主要都是針對法律的知識，仰賴背誦的題目大於計算題，只要把內容背起來就能合格。

然而，我沒有上過大學，也沒有從其他地方學習過法律的相關知識。因此，我只是拼命研讀書店買來的參考書。

具體來說，就是從頭開始一頁一頁認真細讀，讀完之後再逐步試寫題庫中的考題。這是一個相當單純的讀書方法，只是在參考書與試題本這一條單軌鐵路上直直前進而已。

但這樣的做法有一個很大的問題。

學習的本質是「背誦」和「複習」

在我上小學的時候，班導教了我許多東西，其中最令我難忘的就是複習。

「回家之後再次複習今天學到的內容吧。」

在當天複習那天學習到的內容，有助於更加深理解，並將其保存在記憶當中。

這樣的複習，對於以考試為目標的人來說極為重要。

同樣重要的是，背誦與複習要計畫性地以「週期」來進行。如果等想到「久違地來複習一下好了」的時候就已經太遲了。

問題不在於「能力」，而是「做法」

即使讀過還是會忘記，無論如何都背不起來，考試沒辦法合格。

會導致這樣的結果產生，通常是因為學習時太過盲目在書堆中，沒有真正理解「背誦」與「複習」的本質。

之所以會忘記，並不是能力不好。

問題在於學習的方式。

妥善運用「記憶週期」，避開大腦遺忘的時機

我當時把讀書的重點放在「背下所有內容」，雖然這是一個嘗試和犯錯的過程，但我也的確成功在第一時間記住了書裡的知識。

舉例來說，當讀到了「根據《宅地造成等規制法》，當切割土壤超過兩公尺，填充土壤超過一公尺時，需要得到知事的許可。」這句話，至少直到當天晚上為止都還可以記得住。

然而，過了兩天之後再來做測驗題庫時，便會發現「咦，切割土壤跟填充土壤到底哪個才是兩公尺？」記憶中的知識變得模糊不清。再過一個星期之後，就幾乎完全忘記了。也就是說，**問題並不在於記不起來，而是「記起來卻忘記了」**。

大部分背誦及記憶的方法，都是基於高學歷者的實際體驗而發想出的內容，不

太適合像我這樣「不擅長讀書的人」。

因此我認為應該要找到適合自己的記憶法，而盡可能調查了各種資料，最後找到了一種特別的方式。

在「落語」中找到突破口

落語是日本一種類似雙口相聲的技藝，表演時間長、節奏快，落語家們必須牢記住很長的段子才能完成演出，我很好奇他們到底是如何做到的。

在眾多落語家當中，一定也有不擅長學習的人存在。然而即使如此，他們還是**能夠記住這麼長的段子，這當中是否有什麼秘密呢**？我想了解這一點，於是針對落語家展開調查，發現了一些有趣的影片。

那是一段介紹落語家立川談笑先生在背誦段子時，所採用的記憶方式的影片。

由於很難一次記住全部的內容，立川先生會**將段子切割，細分成幾個固定的段落。然後再將這些小段落逐步背誦起來**。

第一天，先將其中一個小段落的段子徹底背熟。

第二天，先回想第一天背過的段子，確認自己已經記住了，再開始背誦下一個小段落。

第三天，先複習第一、二天背過的段落，確認記住後，再背誦下一個小段落。

每次背完的隔天，先複習前一天背誦的部分。然後隨著記憶逐漸加深，再漸漸延長複習的週期。最後到一個月回想一次也不會忘記的程度，就表示已將內容深植在腦海中。

我在看到這個影片的瞬間，立刻知道「就是它了！」因為這個記憶法並不是著重在我之前一味努力的「背誦」，而是聚焦在背誦之後「如何不忘記」。

永不忘記的大量記憶法

立川談笑先生的記憶法是透過一定的週期性，在忘記之前「回想」來徹底解決「遺忘」的問題。用這個方法，任何事情都能夠保持在長期記憶的狀態。

方法單純但效果非凡！

我在這個記憶方式中看見的最大亮點，就是「任何人都做得到」。這個記憶法有兩個重點。一個是透過「回想」複習，以及「計畫性管理複習頻率」。除此之外，不需要其他困難的技巧。

我想，如果能夠把這個方法運用到考試學習當中，就能夠持續記住已經讀過的知識，也能夠記得越來越多之後會讀的內容。為了確保我能夠在忘記之前回想起所學的內容，我做了一張稱為「記憶週期表」的複習日程表來進行管理。

讀書的本質是「背誦→複習」

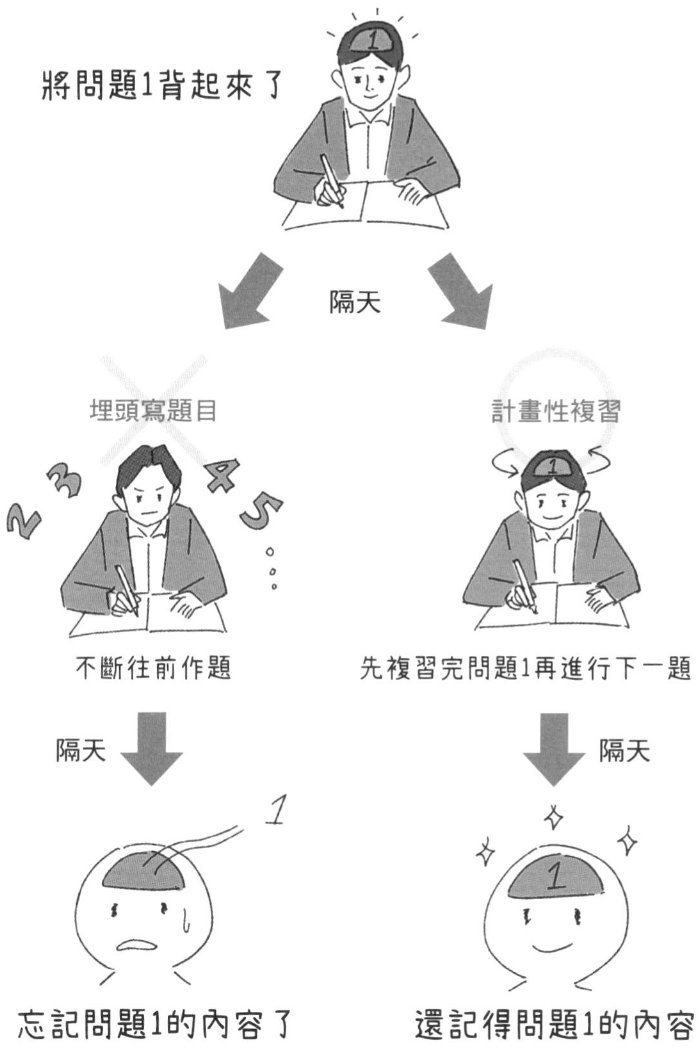
將問題1背起來了
1
隔天
埋頭寫題目
2
3
4
5
不斷往前作題
隔天
1
忘記問題1的內容了
計畫性複習
1
先複習完問題1再進行下一題
隔天
1
還記得問題1的內容

只要1張紙與1支筆！擴充腦容量的大量記憶法

接下來為各位具體解說關於「永不忘記的大量記憶法」。

你所需要準備的**只有一張紙和一支筆**。紙張大小A4或A3皆可，在那張紙上印出書中的記憶週期表。記憶週期表的格式在本書的最後面，**請用剪刀將它剪下，複印之後使用。**

你也可以用手畫，用電腦繪製表格，或是修改成自己習慣的格式。記憶週期表的Excel檔案也已經上傳至網頁（第46頁中有提供下載網址）。

現在開始，我將仔細解說使用方式。

首先，請看下一頁的範例。

在縱向列中，先寫上考試的名稱以及正在學習的科目。接著，**將測驗題庫中的**

各個分類（主題），以數頁為單位拆分成很多小部分。順便提一下，本書中若沒有特別說明的話，「測驗題庫」一詞指的是歷屆試題本，也就是考古題。

主要教材為「歷屆考古題」

一般提到測驗題庫，有可能是「歷屆考古題」，也有可能是出版社以歷屆考題為基礎編寫出來的「模擬試題」。然而，本書推薦的測驗題庫是「歷屆考古題」。模擬試題是在研讀完全部內容之後，用來確認實力的試題，不會用在大量記憶法。

此外，歷屆試題本還分為兩種，分別是從正式試題中挑選出重要的考古題集結成冊的「主題式歷屆題庫」，與將過去多年份的全部試題直接集結成一冊的「〇年歷屆試題」，關於這兩者之間的特徵以及使用起來的差異，將會在後面解說。**大量記憶法所使用的，基本上是「主題式歷屆題庫」**。

面對大多數的考試，你只需要有「主題式歷屆題庫」和與其相應的「參考書」就可以了（關於測驗題庫與參考書的使用差異，將會在後面解說）。在考試前兩個月左右，才會需要用到模擬題庫本與〇年歷屆試題。

橫軸數字為複習間隔時間
1指的是每天，2則是隔1天複習（一開始的0.5是半天後複習）

	2	2	3	3	4	4	5	5	6	6	7
	1/6	1/8	1/11	1/14	1/18	1/22					
	1/7	1/9	1/12	1/15	1/19						
	1/8	1/10	1/13	1/16	1/20						
	1/9	1/11	1/14	1/17	1/21						
	1/10	1/12	1/15	1/18	1/22						
	1/11	1/13	1/16	1/19							
	1/12	1/14	1/17	1/20							
	1/13	1/15	1/18	1/21							

記憶會隨著複習逐漸加深，
後半段6～7天複習一次即可。

寫上複習的日期，
1/21就是指1月21日

完成的進度就塗掉。

記憶週期表的下載頁面

https://reurl.cc/DmmppR

（在瀏覽器上方網址列輸入上述URL，並按下Enter鍵，就會前往下載頁面。）

掃描QR碼也可以前往
下載頁面。

記憶週期表的使用範例

寫上考試或科目的名稱

宅建業法	試題數	0	0.5	1	1	1	
① 宅建業法的基本	4	1/1	1/1	1/2	1/3	1/4	
② 執照	4	1/2	1/2	1/3	1/4	1/5	
③ 宅地建物取引士	4	1/3	1/3	1/4	1/5	1/6	
④ 營業保證金	4	1/4	1/4	1/5	1/6	1/7	
⑤ 保證協會	4	1/5	1/5	1/6	1/7	1/8	
⑥ 事務所・案內所等相關規制	4	1/6	1/6	1/7	1/8	1/9	
⑦ 媒介契約	4	1/7	1/7	1/8	1/9	1/10	
⑧ 廣告相關規制	4	1/8	1/8	1/9	1/10	1/11	

寫上學習項目（分類主題）。不用按照目次順序也OK。

寫上每單元的題目數量。如果是4選1選擇題，每次大約4題，問答題每次16題左右。

請再看一次上一頁的表格。在縱軸上，寫著「①宅建業法的基本」的部分，我將此稱為**「單元」**。此處的名稱隨著各位所持有的測驗題庫而改變，也不一定要跟測驗題庫目次上的名稱完全相同。

每個單元的試題數量不要太多

一個單元的問題數量，**四選一的選擇題大約四題左右，一問一答的問答題約莫十六題左右**。舉例來說，如果一章內包含了十六題選擇題，就分成四個單元，大約是這樣的概念。重點是，每個單元不要放太多試題。這是因為，如果每個單元的試題太多，就很難根據當天的忙碌程度來微調時間表。

接著說明橫軸的部分。**橫軸代表複習的時間間隔**。

第一天的起點設定為0，半天之後為0.5，隔天是1（指一天之後的意思）。**只有第一天為了加深記憶，同一個單元要讀過兩次，因此設定為0.5。**從隔天開始，每隔一天複習一次，再漸漸將複習的間隔加長到兩天或三天之後。

第一天複習同樣的內容「2次」

0.5是指半天之後的意思。
為了加深記憶， 第一天會讀2次

宅建業法	試題數量	0	0.5	1
①宅建業法的基本	4	1/1	1/1	1/2
②執照	4	1/2	1/2	

第2天， 先複習第1天的內容之後，
再進入新的單元

現在讓我們實際模擬看看吧。

●開始讀書第一天（1月1日）

請見上圖。假設開始讀書的日期為一月一日，學習單元「①宅建業法的基本」的試題（關於運用試題的方法會於後面詳細說明）。結束之後，在橫軸第0列的位置寫上1/1。

接下來，經過半天之後，再次複習「①宅建業法的基本」這個單元，結束後在0.5那一列寫上1/1。

●開始讀書第二天（1月2日）

先複習「①宅建業法的基本」，複習

完畢之後在橫軸1的地方寫上1/2。

就像這樣，橫軸上的數字表示複習間隔的日數。

接著開始進入「②執照」單元的試題，完成後就在橫軸0上寫1/2。下一次的時間是0.5，也就是半天之後，所以在這天之內要再次複習「②執照」這個單元，並在0.5的列上寫1/2。

就像這樣，**第一次學習的單元，會在當天再複習一次，盡可能加深記憶**，這樣隔天就更容易回想起內容。

基本上就是不斷重複這個方法。

●開始讀書第三天（1月3日）

複習「①宅建業法的基本」，並在1的列中寫上1/3。

複習「②執照」，並在1的列中寫上1/3。

開始學習「③宅地建物取引士」，並在0的列中寫上1/3。半天之後複習，並在0.5列中寫上1/3。

開始讀書第4天

第4天左右，
記憶會開始扎根

宅建業法	試題數量	0	0.5	1	1	1
①宅建業法的基本	4	1/1	1/1	1/2	1/3	1/4
②執照	4	1/2	1/2	1/3	1/4	
③宅地建物取引士	4	1/3	1/3	1/4		
④營業保證金	4	1/4	1/4			

隨著要背誦的內容越來越多，努力不要忘記！

●開始讀書第四天（1月4日）

首先複習「①宅建業法的基本」，並在1的列中寫上1/4。

複習「②執照」，並在1的列中寫上1/4。

接著複習「③宅地建物取引士」，並在1的列中寫上1/4。

開始學習「④營業保證金」，並在0的列中寫上1/4。半天之後進行複習，並在0.5的列中寫上1/4。

就像這樣，每天以這種方式不斷重複。複習範圍逐漸增加可能會有點辛苦，但到了第四天，「①宅建業法的基本」已經牢牢記在記憶當中。**因為你只是在「回想」，而不是從頭理解新的試題**，所以花費的時間也會比較少。

●開始讀書第五天（1月5日）

請看「①宅建業法的基本」的橫軸，接下來不是1，變成了2。在這裏，指的是複習的間隔是在兩天之後，**1/4的兩天之後，也就是1/6再複習的意思**。

因此，這一天我們不複習「①宅建業法的基本」。

複習「②執照」，並在1的列中寫上1/5。

複習「③宅地建物取引士」，並在1的列中寫上1/5。

複習「④營業保證金」，並在1的列中寫上1/5。

開始學習「⑤保證協會」，並在0的列中寫上1/5。半天後複習，並在0.5的列中寫上1/5。

牢記之後就可以延長複習的週期

宅建業法	試題數量	0	0.5	1	1	1	2
①宅建業法的基本	4	1/1	1/1	1/2	1/3	1/4	1/6
②執照	4	1/2	[illegible]	[illegible]	1/4	1/5	
③宅地建物取引士	4	1/3	1/3	1/4	1/5	1/6	
④營業保證金	4	1/4	1/4	1/5	1/6		
⑤保證協會	4	1/5	1/5	1/6			
⑥事務所・案內所等相關規制	4	1/6	1/6				

一開始每天都複習

當記憶加深之後再延長複習的間隔

●開始讀書第六天（1月6日）

複習「①宅建業法的基本」，並在2的列中寫上1/6。雖然有一天的空白，不過前面**已經連續複習了四天，因此還不會忘記**。

這一天不複習「②執照」。

複習「③宅地建物取引士」，並在1的列中寫上1/6。

複習「④營業保證金」，並在1的列中寫上1/6。

複習「⑤保證協會」，並在1的列中寫上1/6。

進入「⑥事務所・案內所等相關規制」並在0的列中寫上1/6。半天後複習，並在0.5的列中寫上1/6。之後，不斷重複相同方式，逐步推進到下一個單元（不斷做下去）。

目標是「半個月複習一次也不會忘記」

學習新知識的同時，也要持續反覆複習以免忘記。接著，隨著複習的間隔越來越長到**「半個月複習一次也不會忘記」的程度，就表示記憶已經確實寫入腦海**。

如果按照記憶週期表複習，不論多麼不擅長學習的人，都能在「要忘記之前」回憶起來，所以不會忘記（必要時請務必調整「複習間隔」或是「每個單元的試題數量」）。

大量記憶法，與其說是一種背誦方式，不如說是一種「避免忘記」的方法。若是用這種方法，很可能在一年後還能記得今天吃的午餐內容。僅僅這一點就已經是一個非常好的方法，不過它還有其他優點。

所有人都適用！可彈性調整的讀書計畫

大量記憶法的最大優點就是，**「可以按照個人情況調整讀書計畫」**。

舉例來說，上班族、家庭主婦、學生，各自都有不同的生活作息，也會有不同的讀書計畫。因此，接下來將為各位介紹上班族、家庭主婦、學生，這三種不同族群的讀書計劃範例。

上班族的讀書計畫範例

上班族很容易受到工作的影響，不一定能確保每天都有相同的學習時間，可能有時候要加班到很晚才回家。在這種情況下，大量記憶法也非常有效。

請見下一頁的表格，這是一般情況下用大量記憶法來讀書，進行至第四天到第五天的狀態。

●開始讀書第四天（1月4日）

假設這一天要加班，回到家已經很晚了。如果沒有事先制定學習計畫，大多數人就會因為缺乏動力而索性放棄。

然而**如果休息，至今累積起來的記憶就會漸漸模糊不清，所以在這樣的情況下，就要轉換成「維持現狀」**。

若是按照原本的計畫，今天會開始學習下一個單元「④營業保證金」，但因為時間太晚了，先暫時中止進度。也就是說，不再繼續往前讀，只要複習至今為止讀過的①～③單元即可。

因為①～③單元已經複習過兩次以上，即使在疲憊的狀態下回想，也不會造成太大的負擔，而且很快就能完成。

上班族的讀書計畫表範例

CASE 開始讀書第四天（1月4日），卻因為加班太晚回家……

宅建業法	試題數量	0	0.5	1	1	1	2
①宅建業法的基本	4	1/1	1/1	1/2	1/3	1/4	
②執照	4	1/2	1/2	1/3	1/4	1/5	
③宅地建物取引士	4	1/3	1/3	1/4	1/5		
④營業保證金	4	1/5	1/5				
⑤保證協會	4						

1/4先不要讀新的單元，
專心複習即可

●開始讀書第五天（1月5日）

假設，第五天不用加班，可以按照往常時間回家。

「①宅建業法的基本」寫著2，因此是在1/4的兩天之後，也就是1/6複習。

換句話說，今天是1/5所以不用複習，而是一邊複習②～③，並開始學習新的「④營業保證金」。

遇到工作忙碌而不得不加班時，請適時調整讀書計畫表，並盡可能在合理範圍內維持現狀。這樣一來，就能夠避免在應考時「忘記」的狀況。

家庭主婦的讀書計畫範例

忙於家務與照顧孩子的家庭主婦們，可能會覺得很難管理自己的讀書計畫，但若使用大量記憶法，不論在什麼樣的情況下都能夠靈活應對。

●開始讀書第二天（1月2日）

假設開始讀書第二天，就因為孩子突然發燒而沒有時間讀書。

碰到這種情況時，就像我前面提到的上班族一樣，先停止繼續讀下去，**徹底實行「維持現狀」**，只需要複習一次「①宅建業法的基本」就可以了。由於複習已經記住的單元不會花太多力氣，利用零碎時間也很容易做到。

●開始讀書第三天（1月3日）

孩子病情好轉許多，因此複習完「①宅建業法的基本」後，進入「②執照」。

家庭主婦的讀書計畫表範例

CASE 如果孩子發燒了，沒時間讀書怎麼辦？

孩子發燒了，所以第二天專心複習即可

宅建業法	試題數量	0	0.5	1	1	1	2
①宅建業法的基本	4	1/1	1/1	1/2	1/3	1/4	
②執照	4	1/3	1/3	1/4	1/5		
③宅地建物取引士	4	1/4	1/4	1/5			
④營業保證金	4	1/4	1/4	1/5			
⑤保證協會							

第四天有充足的時間，可以讀兩個新單元

第五天孩子又再度發燒，因此專心複習即可

●開始讀書第四天（1月4日）

假設孩子終於去學校，有時間可以讀書了，就先複習「①宅建業法的基本」和「②執照」之後，再接著讀「③宅第建物取引士」。難得有時間，因此連同的「④營業保證金」也一起同時學習。

●開始讀書第五天（1月5日）

孩子又發燒了，並且請假沒去學校。所以先停止繼續往下讀「⑤保證協會」，轉而只複習②～④單元。

順帶一提，「①宅建業法的基本」是在2的那一列，下一次複習是在1/6，因此1/5不需要複習。即使遇到許多突發狀況，也能夠彈性調整讀書計畫。

一般讀書計畫只要有一次無法按表操課，就必須重新安排日程，讓許多人因為挫敗感而放棄。然而，**若是大量記憶法的話，即使生活作息不規律，也能夠依照自己的步調來學習**。

學生的讀書計畫範例

學生一般來說，會比上班族或家庭主婦擁有更多時間在學習上，因此能夠將讀書進度提前。接下來會介紹活用這一點優勢的讀書計畫範例。

首先，請看下一頁的記憶週期表。

●開始讀書第一天（1月1日）

從「①宅建業法的基本」開始讀起。

一般情況下是每天讀一個新的單元，但如果有更多時間可以利用，也不妨改成**每天讀兩個單元**（或者是稍微增加每個單元的試題數量）。

學生的讀書計畫表範例

CASE 當有更多時間可以利用時

宅建業法	試題數量	0	0.5	1	1	1	2
①宅建業法的基本	5	1/1	1/1	1/2			
②執照	5	1/1	1/1	1/2			
③宅地建物取引士	5	1/2	1/2				
④營業保證金	5	1/2	1/2				
⑤保證協會							

增加每一個單元的試題數量

每一天背誦兩個單元

這樣的情況下，會同時開始讀下一個「②執照」單元，並在0那一欄中寫上1/1，半天後再次複習相同試題，並在0.5那一列寫上1/1。

●開始讀書第二天（1月2日）

第二天，先複習「①宅建業法的基本」與「②執照」，並在1列中寫上1/2。

接下來，繼續讀「③宅地建物取引士」與「④營業保證金」，並在0和0.5的那一列寫上1/2。在有餘裕的情況下，可以每天讀兩個新單元，提升學習的速度。

假設某天因為學校活動或朋友聚會等忙碌的時候，也可以再將預計學習的單元從兩個減少到一個來減輕負擔。

利用熟悉的旋律，將資料快速寫進大腦記憶體

使用大量記憶法的話，任何人都記得住足夠應付考試的知識，但其中也有一些複雜的數字和單字，光是要背下來就不容易。

這時，有些人會運用「諧音雙關」的方式來幫助背誦。但**我不太建議運用在需要記憶許多條款、法律等證照的考試上**。因為必須要背誦的項目太多，會變成非常長的諧音，反而混淆記憶。而且要記住意義不明的諧音也很辛苦。

將背誦內容結合旋律哼唱

因此，我想出了一個方法，那就是運用「歌曲」來幫助背誦大量的知識。

多年前朗朗上口的熱門歌曲，至今依然能夠輕易唱出歌詞。**由此可見，只要以歌曲的旋律哼唱重要的知識，就可以更容易記得住，而且不會忘記**。我會選一首熟悉的歌曲，例如耳熟能詳的《聖誕鈴聲》（Jingle Bells），以它的旋律來一邊哼唱一邊背誦，這樣比諧音雙關更容易記住內容。

這種以旋律背誦的方式，我也有公開在我的「不動產大學」Youtube頻道上，收到許多網友傳來「一聽就背起來了」、「現在聽到聖誕鈴聲就自然而然想到考試題目」的回饋。

以歌曲背誦的關鍵點是，隨著節奏哼出需要記憶的知識（把它當成歌詞）。藉由將節奏與知識合而為一，就能夠在考試當中輕鬆回想起來。這就像是在聽音樂時，自然而然想起歌詞是相同的道理。更重要的是，它不一定非得是一首歌曲。

我所使用的歌單當中也包含了古典樂，可以按照自己的喜好任意挑選旋律。

主攻測驗題庫，將參考書當辭典使用

無論考什麼證照，市面上販售的教材一定有這兩種——教科書般包含詳盡知識的「參考書」，以考古題和模擬試題構成的「測驗題庫」。

在大量記憶法中，使用的是包含歷屆考古題的「測驗題庫」。

一路以來的求學過程，我們受到的教育都是「先讀熟參考書，再開始做測驗題庫」。這個方法沒有錯，但不能說是最有效率的方法。

大家玩過手遊嗎？我很喜歡玩手遊，所以經常下載來玩。打電動前會先熟讀攻略再開始玩的人，應該非常少吧。大多數人都是先玩玩看再說，如果過程中卡關或碰到不懂的地方，再去翻閱攻略。

考試讀書也是如此。

將參考書當辭典輔助，讀書重點在測驗題庫！

測驗題庫	參考書

可以了解出題的內容與方向，必須記住的要點也很明確	可以有系統學習知識，但是無法了解「出題邏輯」
徹底閱讀後解題！	**當成辭典使用！**

如果先讀參考書，你會覺得自己理解了這些學問。然而，在不知道試題將以何種形式出現的情況下繼續苦讀，就像大海撈針，對考試沒有實質上的立即性幫助。

反過來說，**如果從「測驗題庫」開始學習，不僅能夠知道考試會考的知識，而且還能了解出題的邏輯**。因此可以更明確知道自己該記住哪些部分，也能提升讀書效率。

不寫題目，直接跳到解說欄位

「一開始直接做測驗題庫，怎麼可能會寫！」

這麼想的人，你說的沒錯。

沒有經過任何學習就要解決這些試題，當然無法作答。

因此，從考古題開始著手不是為了作答，而是「讀解」。

先讀完解說欄之後，再讀試題題目

具體來說，**翻開測驗題庫之後，首先從試題的解說欄開始讀起**，之後再讀試題。通常考古題的解說欄都會針對題目說明，有著參考書般的詳盡知識，因此可以毫無阻礙地閱讀。這樣一來，回頭讀試題時，就會領悟到「原來這個問題是這樣的解法呀」。

例如，宅建士有一項「不實廣告」的試題，解說欄中寫著如下內容。

【解說欄】
「所謂『不實廣告』指的是，明顯與事實不相符的表現，或是比實際狀況明顯更好或更有利，導致誤解的表現方式。這樣的廣告違反了宅建業法。由於不實廣告本身是被禁止的，無論是否因此造成損害，都無法免除責任。此外，也可能會因為不實廣告而受到相關處分或勒令停業。」

在了解了這個部分之後，現在來看一下題目。

【題目】
「即使廣告表現比起實物明顯更好或更有利，造成誤會，**但如果沒有造成實際**

不做題目，先從題解讀起

努力解題
一堆看不懂的專業用語……

因挫敗感導致動力下降，
學習效率差

從解說開始讀起
原來如此！學到新知識了
解答
知
知
知

有效率記住考試
必備的重點知識

上的損害，就不會受到處分。」

「原來如此，實際上不論是否造成損害都會進行處分，但試題這樣出就能夠混淆視聽」從題目中能夠了解到這一點。

如果先讀試題的話，就會卡在「廣告表現？」「因誤會造成的損害？」而無法繼續作答。

從解說讀到試題的順序，在針對考試的學習上，有助於更順暢且宏觀地吸收重點知識。

題目只是一個「點」，延伸出的「面」才是關鍵

網路上常有人跟我說：「我明明認真讀過歷屆試題，還是沒考上！」

但只要進一步詢問就會知道，事實並非如此。

請看下一頁的圖表。

這張圖顯示了歷屆試題與出題範圍之間的關係。

所謂的歷屆試題，指的是散落在這廣泛考試範圍中的「點」。

如果只是不斷重複做歷屆試題，那就等於只是不斷追著這些點而已。

然而，**在大部分的考試當中，都不會出現與考古題完全相同的題目**。

那麼，到底是哪邊出現問題呢？

沒錯，**就是圍繞著歷屆試題的「相關知識」**。

考試會出的試題範圍

考古題只是「點」，
重要的是「面」（相關知識）

「相關知識」才是需要聚焦的重點

如果只是追著歷屆考題的「點」跑，雖然能夠爭取到一些分數，但是卻很難達到合格成績。**重要的不是「點（題目本身）」，而是延伸成「面」的相關知識**。

實際演練試題用法

只要學會試題的正確使用方法，就能夠確實將歷屆試題的相關知識輸入大腦的記憶體中。接下來我們就以宅建士的題解為例，來實際演練吧。

> 平成26年（二〇一四年）第39題
> 因未繳納償還金而失去保證協會資格的建地承包商，如果在失去資格之日起，兩週之內繳納營業保證金，便可重新獲得其資格。

這題的敘述正確嗎？還是錯誤的呢？

答案是「×」。現在，假設已經正確回答了這個問題，接著我們要深入研究不同之處在哪。即使對宅建士沒興趣的讀者，**接下來的說明是為了讓你理解歷屆試題的活用方式，請繼續閱讀下去**。

建地承包商一但失去了保證協會的資格，將不會自動再恢復身份。這是因為他們已經被保證協會解僱了。

對於失去保證協會身份的建地承包商來說，剩下的唯一選擇就是**繳納營業保證金**。而且，還必須在失去身份之日起的**一週之內**支付才行。

測驗題庫的解說通常會寫到這一部分。然而，不能到這一步就結束，從這一步開始，接下來才是重要的部分。

透過延伸資訊擴充知識量

首先，我們來看看「償還金」這個詞。查查看「本來何時需要繳納償還金？」翻開相關的參考書來尋找答案。

1：必須在收到通知的兩週之內，將需補足的款項償還支付給保證協會。

這是第1項相關知識。**將參考書上查到的這個資訊寫到測驗題庫的解說欄內**。

深入挖掘

那麼，誰會負責通知呢？請再次翻查參考書。

2：通知會從保證協會而來。

將這個資訊寫到測驗題庫的解說欄內。那麼，保證協會是從哪裡得知的呢？再次翻開參考書確認相關章節。

3：保證協會那邊會由國土交通大臣發行通知。

將這個資訊寫到測驗題庫的解說欄內。那麼，國土交通大臣又是如何得知償還金的事情呢？請在參考書中確認。

4：是由供託所負責通知國土交通大臣。

也將這個資訊寫到測驗題庫的解說欄內。

不單單是確認對錯而已，連相關資訊也要延伸確認。這就是歷屆試題的活用方式，此外，還可以更進階推測出題方式與方向。

蒐集資料的同時預測考題！

「失去協會身份的業者，只要在一週之內繳納營業保證金就可以了嗎？」

像這樣圍繞著試題翻查參考書。假設你被保證協會解雇了，難道不會想查一查解決之道嗎？答案是，你必須將此情況通知許可機構，若不這樣做，就無法繼續經營事業。

「失去協會身份的業者，只要在一週之內繳納營業保證金，不用提出通知，也可以繼續經營事業。」（正確答案是×）

從這樣延伸查詢的過程中，也可以預測出可能的出題方向。

以這個範例延伸十次以上也沒有問題，不過會變得很冗長，所以我們就在這裡打住。**針對每一個題目的選項，就像查字典一般查詢參考書上的相關資訊，並不斷**

補充寫進測驗題庫的解說欄內。不必寫得工整漂亮，自己看得懂就可以了。一開始會花很長的時間。倒不如說，請花時間在這件事上面。

不要寫在筆記本，直接寫在解說欄上

讀到這裡，有些人可能會想著「為什麼不寫在筆記本上，而是寫在題庫的解說欄內呢？」其實，這一點就是活用歷屆試題的精髓，也是這套學習方法的核心。

在大量記憶法中，我解釋了應該使用測驗題庫而非參考書，並且要配合記憶週期不斷複習的原因。如果只是一遍又一遍反覆做測驗題庫，那麼你的學習範圍只會停留在試題的「點」。這樣一來，能夠面對的只有與考古題完全相同，或是稍微改變敘述方式的考題而已。

但只要將延伸的知識寫到題庫中，**當你用大量記憶法回想讀過的內容時，也會同步回憶起這些從參考書上整合而來的資訊**。透過這種方式，能夠確保你記住更多在正式考試中得分的關鍵。

歷屆試題是「樹枝」，延伸知識是「葉子」

歷屆試題可以說是樹枝，這是一個將樹枝當作軸心，不斷添加上越來越多稱為「相關知識」的葉子，並將樹枝與葉子當作一個組合來記憶的作戰方式。

無論什麼考試，考題大多都是圍繞著歷屆試題的相關知識。因此只要鞏固好根基，就一定能夠合格。

有些人試圖用大量寫模擬試題來取代這個方式，結果反而花費更多時間。雖然一開始可能有點辛苦，但這種「大量記憶法」＋「活用歷屆試題」的方式，絕對會更有效率。請務必實踐看看。

重要的不是使用哪一種教材來學習，而是如何去學習那些知識。

在下一節當中，將會向各位介紹歷屆試題本的選擇方式。

以「排版方式」挑選高勝率題庫

有可以買的測驗題庫，與不能買的測驗題庫。選擇測驗題庫的關鍵點，就是「排版」。測驗題庫有下列3種不同類型（橫式書的情況）。

①試題在左頁，解說在右頁
②試題在右頁，解說在下一頁（左頁）
③前半部分都是試題，後半部分都是解說

現在，你認為哪一本才是好的測驗題庫呢？

我的答案是①。**試題在左頁，解說在右頁的排版方式**。

有助於快速學習與記憶的題庫版型

試題與解說（解答）可以直接對照，容易學習

測驗題庫的挑選重點

之所以使用測驗題庫學習的關鍵點是，**比較容易將問題與解說進行對照**。

①的排版，可以在閱讀完解說之後，視線往左移就直接確認試題內容。同理，寫試題時，看左頁就是題目，看右頁就能確認解答，能夠很流暢地進行。

怕不小心看到解答的話，只要在解答頁**夾一張厚紙遮蓋**就能輕鬆解決。

雖然沒有不行，但如果是試題頁在右側，題解在下一頁左側的②排版，因為視線左右移動時無法直接對照，不得不反覆前後翻閱來確認解說和試題內容，這對我來說很有壓力。讀幾天還能接受，但**如果需要花好幾個月備考，就會變成單純的浪費時間，而且不容易理解與吸收**。

③的排版也是一樣。先一次寫完試題再核對答案，類似模擬考排版方式，比較適用於考前的衝刺時間，但不適合日常使用。

了解題庫類型與特徵，擬定最強的讀書戰略

市售的測驗題庫，依照內容大致可以分成下列四種不同類型。了解它們各自的特徵，就能知道在什麼時機要購買哪一種類型的題庫。

①主題式測驗題庫

這種類型的題庫會將考試範圍內的考題按照領域分類，也是建議最優先購買的類型。針對考試範圍來學習時，使用主題式題庫的效果最好。以我考過的宅建士為例，題庫內會分成「宅建業法、法令限制、權力關係、其他稅金」，如果是行政書士的題庫，就會分成「憲法、行政法、民法、公司法」，像這樣依照不同的領域，

將歷屆考古題常出的相關題目整合成一冊。

這種題庫的目錄通常會按照主題分類，很容易判斷。**按主題分類的好處是，因為題庫裡集結的是已先篩選過的歷屆試題，所以在考試中出現的機率很高**。

尤其歷史越悠久的考試（例如宅建士或行政書士）越是如此。因為這些考試行之有年，已經有明確的出題方向。單純收錄考古題的題庫中會混合出題率高與低的試題，但按主題分類的題庫，是由出版社**從歷屆的考試中精選各領域出題率最高的問題**而集結成冊，可以更精準且有效率學習考試所需知識。

實際上，只使用這種主題式題庫和參考書，兩本書就成功通過考試的大有人在。特別是合格率30％以上的證照考試，只要徹底研讀主題式題庫，就有很高的機率能夠順利考取。例如我在挑戰「商業實務法務檢定2級（日本的商業法證照）」與「財務規劃技能檢定2級（類似台灣的理財規劃人員專業能力測驗）」時，就是**只使用主題式題庫就通過了考試**。

②一問一答式測驗題庫

這種類型的題庫，是以「一個提問搭配一段解說」的方式為結構。我選擇的是與其他題庫比起來尺寸較小、容易攜帶的類型，對我來說是自學時期的珍寶。

按照領域分類的主題式題庫，結構通常是跟考試同樣的選擇題型，不太適合在空檔時間快速拿出來閱讀。

相反地，一問一答式題庫則很適合用於日常生活中的空檔，使用起來很方便，隨時可以拿出來學習。但缺點是容易缺乏計畫性，淪為只在空檔才翻閱的狀態。

雖然這樣仍然會有一定的效果，但如果能像其他題庫一般，使用大量記憶法來安排讀書計畫，並且盡可能按照計畫進行效果會更好。透過這樣的方式來進行的話，「邊做其他事邊學習」的效果也會加倍提升，這部分將在下一章解說。

就我的情況而言，首先購買的是一開始介紹的主題式題庫與一問一答式題庫，並按照題庫擬定了大量記憶法的學習計畫，同時並行。

在家裡使用主題式題庫，在外面就使用一問一答式題庫，我在這兩者之間取得良好的平衡，讓記憶變得更加牢固，也是我很推薦的學習方式。

③歷屆試題式測驗題庫

這種是集結近幾年份考古題的題庫，試題數會比主題式測驗題庫還要多。舉例來說，像是宅建士證照考試，就出版了「十二年份歷屆試題測驗題庫」。

歷屆試題的題庫不是按照領域來分類，而是按照出題的年份。難度較高的證照考試，經常可以看到市面上在販售這類型的題庫。

以我個人的經驗而言，會建議各位**在初期先不要購買這個類型的題庫**。

雖然收錄的試題數量很多，看起來似乎比主題式的題庫更划算，但以學習成效而言，無疑是一個錯誤的判斷。

何時購買？如何使用？

十二年份歷屆試題測驗題庫，雖然網羅了十二年份的考古題，但同時也代表它網羅了許多在十二年當中，只出現過一次的題目。

也就是說，一本書中**包含了會被收錄在主題式題庫中的高出題率考題，也包含了不會被收錄的低出題率考題，兩者皆有**。

考生很難分辨這兩者的不同，如果先使用了這種類型的題庫，有限的時間就會被瓜分到出題率低的考古題上，而減少專注在高出題率問題上的時間。

不僅如此，歷屆試題不會按照領域分類，因此也無法分門別類理解內容，對於學習而言並不好使用。

然而，這並不代表絕對不能購買，而是使用目的與方法不同。備考到最終階段時，這種類型的題庫也可能成為大大提高分數的助力工具。

●目的①拓展得分來源的守備範圍

在任何考試當中，主要得分的來源都會是難度低的領域，因為要從高難度領域獲取分數較不容易。考試成功的捷徑，就是掌握這些考題中容易得分的領域，盡可能靠此多得幾分。

然而，儘管屬於主要得分來源的領域，有一些題目卻很少被問到。想要網羅**這種冷門考題，只使用主題式題庫並不足夠**。這就是為什麼要使用歷屆試題測驗題庫來做最後衝刺的原因。

●目的②考前演練&測試自己的程度

模擬考試在考前是很重要的，可以更貼近真正的考試。一般補習班或學校也都會舉辦模擬考，但有時次數不足，或是很難挪出時間參加。此時，歷屆試題測驗題庫就會派上用場。

因為其中收錄了不同年份或年度的考古題，可以用來幫自己進行模擬考試，有助於在正式考試之前抓住答題節奏等，非常好用。

不同測驗題庫的使用時機

主要教材	考前時期的補助教材
① 主題式測驗題庫 ② 一問一答式測驗題庫	③ 歷屆試題式測驗題庫 ④ 模擬試題式測驗題庫
能夠高效率學習考試中的出題內容（相關知識）	擴展主要得分來源&自我測試時使用

④模擬試題式測驗題庫

這種類型的題庫，是出版社根據歷屆試題編寫而成的原創模擬試題，**我基本上在讀完其他類型的題庫之前不會使用**。考試中會考的，多半是歷屆試題的延伸資訊，而不是預測性的模擬試題。

這些試題的作用是為了檢測對參考書的理解程度，往往與真實的考試有些許落差，**適合在考試前用來確認自己的實力**，沒有必要在一開始就購買。

測驗題庫的類型主要分成以上四種，了解每一種類型的特徵並在不同場合使用，能夠大幅提升考試勝率。

善用初學者友善的參考書高效學習

辭典般查詢使用的參考書也是，選錯可能必須重買一本，所以要特別注意。

選擇參考書時，首先我會先看色彩。以自學為前提的情況下，**最需要考慮的點就是「閱讀性」**。而容易閱讀的參考指標就是「色彩的使用」。

參考書大致上可分為以下三種色彩使用方式。

①單色
②部分彩頁
③全彩頁

根據我的經驗，最推薦的就是③的全彩頁參考書。大多數全彩頁的參考書是為了初學者製作，容易理解也容易閱讀。

此外，**色彩之外的另一件重點就是，每一頁的文字量**。針對初學者出版的參考書，會強調重點，也會減少每一頁的文字量，因此即使自學也能夠非常容易理解。

而①和②的參考書資訊量可能會比較多，除非已經有基礎的相關知識，否則需要花一些時間才能理解其內容。**初學者若是購買了①和②，可能會在一開始的階段就遭遇挫折。**

空白及插圖較少，文字量較多的參考書，建議在第二次考試時再使用，不適合目標是想要「一次考取」的初學者。

雖然沒辦法明確說哪一種參考書最好，但根據我自身考試多年的經驗，依照這些特徵來選擇最不會出錯。

題庫、參考書以同一系列為主

順帶一提，測驗題庫與參考書大多是由同一間出版社出版的系列書籍。根據不同的考試，歷屆試題式或一問一答式的測驗題庫也有可能系列化出版。

在這種情況下，建議購買同一系列的測驗題庫及參考書。不一定要全部購買，但如果要購買的話，買相同系列的會比較好，因為**測驗題庫與參考書內有關聯的地方會比較多**。

舉例來說，也可以在測驗題庫的解說欄內寫下「這部分解說請見參考書的第幾頁」來補充知識，大大提升學習效率。

如果測驗題庫與參考書是不同出版社的話，由於頁面沒有連結性，比較難使用這個技巧。因此建議盡可能統一使用同系列的測驗題庫與參考書。

買越多參考書的人越容易落榜

在購買參考書和測驗題庫時必須要注意的一點是，購買的數量。

很少人會一開始就購買大量的參考書，但卻經常有人在備考過程中，**為了消除對考試的不安及焦慮，在無意間一本又一本買下為數不少的參考書和題庫**。不幸的是，這是屢屢落榜的人最常出現的行為。

像這樣盲目購買的測驗題庫或參考書，即便到考試當天也沒辦法全部讀完。

學習進度越慢的人，往往容易購買越多參考書，**但大多數的考試（尤其是證照考試）只需要完全理解並記住一本測驗題庫及一本參考書就夠了**。如果想要購買更多參考書，請確認已經將手邊現有的書讀熟之後再買吧。

第 2 章

一心二用！邊聽邊學的超高效學習法

不怕沒有時間！邊做事邊學習更有效率

除了升學考試以外，想要考取證照的人大多數都是社會人士，例如上班族、自營業者、家庭主婦等等。出社會後便無法像學生時期，把所有時間運用在學習上。實際上，在我教導大家如何進行大量記憶法時，也經常聽到：「這個學習方式真的非常棒，但是我的工作太忙，沒有時間。」

的確，上班族非常忙碌，可能每天被時間追著跑。

但是，這其中是否有一個很大的誤解？

請各位稍微閉上眼睛，想像一下自己正在學習的樣子。

腦中浮現的是自己坐在書桌前面，手上拿著筆，打開測驗題庫的畫面嗎？

沒錯，大多數人對於「讀書」的想像都是「端正坐在書桌前執行的事情」，然後

感嘆沒有時間去做這件事。

這樣的想像，讓我們在這個瞬間將它抹去吧。

那是學生時期的讀書方式，對於時間不足的人，有另一套學習的方法。

關鍵點在於**「將日常生活變成學習時間」**。如此一來，即使是忙碌的社會人士，也能夠在不大幅改變生活方式的情況下通過考試。

不使用零碎時間，而是同時做兩件事

在教人讀書方法的書中，經常會寫著「活用零碎時間」的建議，像是運用「等車的空檔」來學習。

這邊的零碎時間是指，什麼都不做就只是單純在「等待」的時間。

舉例來說就是，在車站等車的時間、在會面地點等待的時間、午休時間等。若只使用零碎時間，每天能夠蒐集到的最多也只有三十分鐘到一小時左右。

然而，這樣是無法通過考試的，因為讀書時間不夠。

我認為更好的學習方式是，**「在日常生活當中，邊做其他事情的同時也一邊學習」**。如果實踐這個方法，就可以盡量減少坐在書桌前的時間，也能夠通過考試。

接下來，我想跟各位分享我在備考時實際上的一天。

將「全部時間」都變成學習時間

- 做早餐的時間
- 吃早餐的時間
- 準備上班的時間
- 走到車站的時間
- 搭電車的時間
- 吃午餐的時間
- 回家時間
- 做晚餐的時間

- 吃晚餐的時間
- 洗碗盤的時間
- 摺衣服的時間
- 泡澡的時間

不僅是零碎時間而已，將移動及單純做事情的時間也拿來學習，也就是要「邊做其他事情邊學習」。**這樣一來，每天可以確保兩到三小時的學習時間，但一次也不需要坐到書桌前**。

要怎麼邊做料理邊學習呢？從下一節開始，我將會傳授實現邊做事邊學習的「邊聽邊學」技巧。

將「全部時間」都變成學習時間

「坐在書桌前」
專心學習
一動也不動！
做其他事情的
同時學習
這個試題我也記住了！

不論在移動或做其他事情時都能學習！

善用邊聽邊學，讓所有時間都是讀書時間

將「邊做事邊學習」變成日常生活的方法，就是「邊聽邊學」。

所謂邊聽邊學，就是將測驗題庫用聲音的方式，透過耳朵聆聽來學習。

有些人可能會想：「哪裡買得到這樣的音檔？」

自己錄製就可以了。用自己的智慧型手機。

與過去不同，如今我們擁有智慧型手機這樣超級方便的裝置，每個人隨時都能夠輕鬆錄製與播放音檔。

接下來，為各位解說關於邊聽邊學的具體做法。

●要準備什麼

測驗題庫、智慧型手機、藍牙耳機。

步驟①錄音

自己將測驗題庫中的試題大聲唸出，並使用手機上的錄音功能錄音。

具體來說，**按照以下順序唸出題庫上的文字並錄音：題目、選項、答案、解說**。此時，關鍵是要**稍微唸得快一點**。

邊聽邊學並非只聽一次就記住，而是透過不斷重複聆聽，讓知識在腦中加深印象的學習法，所以必須盡可能多聽幾次。因此，比起慢條斯理仔細朗讀，以較快的速度唸出來比較不會讓人失去耐心。

此外，在錄音時，以週期記憶表上的單元為單位分開錄音，這樣就能立刻找到需要學習的音檔，非常方便。

步驟②使用藍牙耳機聆聽

使用藍牙耳機聆聽自己錄在手機上的聲音。

當你在走路、坐車、做料理等**「耳朵有空的時間」，就能夠戴上耳機「邊做其他事邊學習」**。

關鍵點是要使用「藍牙耳機」。如果使用有線耳機，就必須一直與智慧型手機連結，這會妨礙你「邊做其他事」。

我已經嘗試過了，特別是在做料理以及摺衣服時，有線耳機非常礙事。一旦開始在意起耳機線，就無法繼續專注做其他事情。此外，也會遇到許多情況必須反覆戴上和摘下耳機，如此一來，「邊做事邊學習」就會變得很麻煩。

相較之下，如果是藍牙耳機的話，即使一直戴著也不會干擾正在進行的事情，可以毫無壓力地同時學習。

製作自己專屬的原創教材！

按照以下順序來錄音！

題目 → 選項 → 答案 → 解說

推薦使用「單耳式」耳機

此外，比起使用兩耳式耳機，更建議使用「單耳式」耳機。**只戴一個耳機的狀態下，當周圍的人和你說話時，可以立刻做出回應，不會干擾到日常生活。**

順帶一提，由於不是在聽音樂，所以沒有必要對音質有特殊要求。不需要特別拘泥於廠牌，不過有些內建麥克風、具有通話功能的藍牙耳機，即使將音量調到最大，聲音還是很小。因此，建議**使用不具備通話功能的耳機**。

我在備考的期間，總是戴著藍牙耳機聆聽自己錄製的測驗試題音檔。

先以測驗題庫為主，下一階段再換參考書

大量記憶法是將測驗題庫分為若干小單元進行計畫性學習的方法。將這個方法與邊聽邊學結合，即使沒有時間坐在書桌前讀書，只要使用藍牙耳機聽一下當天要學習的單元音檔，就能完成那一日的學習進度。你可以將「邊做其他事邊學習」時聽到的部分，標記為「已經學習」，在記憶週期表中標上日期。

邊聽邊讀參考書的最佳時機

將參考書用於邊聽邊學的最佳時機，大約是在完成一輪測驗題庫的時候。在這個階段，因為已經聽完題庫的音檔，能夠更順利把兩者的知識連結起來，輸入大腦

的記憶體當中。

邊聽邊學＋大量記憶法＝最強學習法

如果單純邊做其他事邊學習，因為還是必須騰出雙手和眼睛，等於只是利用零碎時間讀書，沒有完整的計畫性，因此很難看到學習成果，充其量只能達到增加「額外時間」的作用。

相較之下，我推薦的**「邊聽邊學＋大量記憶法」，可以將當天預定要讀的單元，真正以「邊做事邊學習」的方式來進行，變得更有計畫性**。

透過邊聽邊學，答題速度也會同步提升！

使用聽的方式學習後，我明顯感受到自己解題的速度變快了。原本我閱讀文章的速度很緩慢，宅建士考試要在兩小時內作答五十道題目，這對我來說是個難題，總是在壓線時間才急急忙忙寫完。但自從我自己朗讀並錄製下測驗題庫，然後用藍牙耳機反覆聆聽、學習之後，作答的時間縮短了許多。除了可以有效利用零碎時間之外，邊聽邊學習還有另外兩個好處。

好處①熟悉試題的表述方式

用邊聽邊學習的方法每天反覆聆聽，**幫助我更孰悉考試題目的措辭和表達方**

式。舉例來說，在宅建士考試的選項當中，有這樣的例子：

「如果宅地建物取引士因《刑法》第222條（恐嚇）規定的罪行被判處罰金，且其註冊被取消的情況下，則在其服刑結束之日或不再被執行之日起5年內，不得重新註冊。」（答案為〇）

就像這樣，有非常多試題是用「～的情況下」「得以～」「不得～」這樣的措辭來解釋案件，然後詢問依法執行的後果或因應方式。透過邊聽邊學習，不知不覺間就會**習慣那些措辭，也會逐漸理解選項的模式**。

特別是與法律相關的資格考試中有許多專業術語，熟悉這些術語有助於消除與題目之間的距離感，能夠減少作答時理解題目的時間。

好處②加快理解與思考的速度

考試時為了節省時間，盡可能看一次就理解試題內容，然後找出答案。如果不斷反覆看同一個選項兩三遍，然後再開始思考答案，就會打亂作答的節奏，增加出錯的機率。

實踐邊聽邊學習的方法，有助於養成在聽到試題的同時思考的習慣，練習一段時間後，逐漸可以在聽完的當下就知道答案。在正式考試當中也是如此，只需要讀一遍試題就能得出答案，立刻在試題紙上作答。

適合錄製成音檔的題庫

在上一章節中，介紹了四種不同類型的測驗題庫。其中，**推薦用於邊聽邊學習的測驗題庫有兩種，分別為「主題式」以及「一問一答式」**。

在錄製依照領域分類的主題式題庫時有一個訣竅。如果是四個選項的選擇題，基本上針對每一個選項都會有解說，因此按照這樣的順序**「題目→選項①→選項①的解說→選項②→選項②的解說」**來錄音，也就是按照一問一答式測驗題庫的順序來錄音，學習起來會更順暢。

一問一答式題庫則按照「題目→解答→題目→解答」的順序錄音，聆聽時起來才通順。此外，如果使用的是主題式題庫，直接唸出來錄音也很方便按照領域整理音檔，用於加強自己較弱的領域。

活用網路上的免費教材

由於只靠耳朵聆聽，學習的同時還可以做其他事情，我在實踐之後發現學習時間比想像中來得多。於是一段時間之後，原本的音檔已經很熟悉，因此開始想要聽不是自己錄製的其他音檔。

此時我選擇的方式就是YouTube。**最近YouTube上可以找到許多證照考試的課程以及考用知識的影片**。

如果能夠活用這些影片，就不用特地買昂貴的教材或花時間上補習班，只需要靠一台智慧型手機和藍牙耳機，就能自己選擇足以通過考試的課程聆聽。當我還是個考生的時候，就是使用藍牙耳機邊聽邊學習這些YouTube上的課程影片。

然而，由於YouTube具有免費上架這項巨大優勢，因此影片當中也混了一些業餘人員依樣畫葫蘆製作的影片，**這些影片中的資訊可能有誤**。因此，在YouTube上搜尋相關影片時，請根據下列幾點做全面性的考量之後再選擇收看。

課程影片的挑選重點：

- 在同類型頻道中也擁有大量的訂閱者（至少要有一萬人以上）
- 已經經營一年以上
- 每週至少發布一次以上的新影片
- 頻道經營者是專業講師或是專業人員

這些情報都可以在YouTube頻道上進行確認。有時候也會看到數萬元的教材，但我個人並不推薦使用。**大多數的考試或證照，使用市售的教材就足以應付**。如果你對自己的聲音感到厭倦，不妨改看看YouTube影片。

在家中建立「反覆過目」的記憶強化環境

我一直在試圖增加可以加強記憶的方法，後來我想到了一個主意，那就是邊洗澡邊學習。

我的祖父經營過一家大眾澡堂，我很喜歡泡澡，有時還會泡上半個小時。

為了充分利用這段泡澡的時間，**我將需要背誦的資料整理後印出來，裝入透明資料夾封起來（變成防水狀態），貼在浴室的牆壁上**。

浴室是一個放鬆的空間，與坐在書桌前不同，能夠以放鬆的狀態來記憶這些內容。最重要的是，每天泡澡時都會反覆過目相同的內容，因此非常容易記住。

透過這個成功的嘗試，我發現即使不刻意空出一段專注讀書的時間，只要在日常生活中創造「能夠讓知識自然映入眼簾」的機會，也能自然而然記下考試內容。

將廁所和玄關也變成學習場所

於是，我開始將所有需要背誦的資訊或貼或放在廁所的牆壁、玄關、電腦螢幕旁等地方，**建立一個即使沒有在學習，也能夠讓知識自然映入眼簾的環境**。

尤其法律相關證照的考試需要背誦的項目非常多，所以如何用節省能量的方式加強記憶非常重要。如果僅僅是映入眼簾就能將這些內容輸入大腦，那絕對有值得一試的價值。

不需要早睡早起也能順利通過考試

常常讀書讀到很晚的人，一定聽過這個建議：「不如早點起來讀書吧？」

然而我的結論是，**「沒有必要執著當個晨型人」**。

我有一段時間每天讀書讀到凌晨兩點左右，後來試圖調整成早睡早起讀書，但我發現我做不到。

對於沒有早起習慣的人，要改變成早睡早起的作息，比想像中還要難上許多。

實際上，**即使我早上努力爬起來了，讀的內容也完全進不了腦中，這樣的狀況持續了好一段時間**。而且，由於很早起床，晚上自然也很早想睡，這意味著我無法像以前那樣在晚上集中精神學習。

因此，我不建議為了準備考試而改變生活作息，反而會多花費不必要的心力。

重要的是平衡工作與家務

比起這個更重要的是，**在開始備考之前，應該要盡可能不讓生活產生變化**。

特別是平常有工作和家務要做的人，更需要在兩者間取得適當的平衡。如果將生活重心大量轉移到學習上，往往會因為工作不順或是家務堆積而產生龐大的壓力。這種壓力也是讓許多人「放棄考試」的主因。關於學習動力的重要性，將在下一章詳細解說。

不論是晨型人還是夜貓子都不重要，盡可能保持生活沒有壓力才是當務之急。

第 3 章

做好動力管理，擁有開外掛般的讀書效率

考試的成敗，有九成在於「讀書動力」！

在前面幾章中，我們主要探討的是關於學習的方式。

然而，學習方法本身並不難，難的是要持續進行、不受挫折打擊，一路堅持到考試當天。為此，「動力管理」就非常重要。

有些人可能覺得「給我具體方法就好，不需要精神喊話」，但我認為這些人反而更應該仔細閱讀本章。

如果不能管理好自己的動力，無論嘗試什麼學習方法都很難通過考試。

當我還是一名新手考生時，一心只顧著努力讀書，根本沒想過要管理自己的學習動力。因此在那段日子裡，我的情緒常常激烈起伏，好幾度想要放棄之外，也經常不小心波及到周遭的人。

我每天讀書讀到深夜，放假前一天還會強迫自己讀到更晚。「為了合格，至少必須讀滿一千小時才行！」為了強迫自己達到公認的學習時間基準，我擬定了一個相當亂來的學習計畫。就這樣過了幾個星期後，有一天，**我突然對於讀書這件事感到相當抗拒**，接著開始厭惡這樣的自己，陷入一個「消極的循環」之中。

「如果不能持續下去，就毫無意義」

從這次的經驗當中我學到，無論學習方法多好，不能持之以恆就沒有意義。而為了堅持下去，就必須管理好自己的動力，盡可能讓自己直到考試當天為止，維持穩定的精神狀態。

特別是面對證照或檢定考試時更是如此。當然國高中的升學考也不能缺乏動力管理，但相對來說，至少身邊還會有一起打拼的同學，能夠相互刺激、督促，在某種程度上受到周圍氛圍影響而「非努力不可」，是屬於「放棄門檻」比較高的考試。

證照考試是一場與孤獨的戰鬥

另一方面，證照或檢定的考試比較少被迫參加的情況，也並非到了某個年齡就非考不可，而是基於個人意願，下定決心為了將來發展而「提高技能」的考試。因此，從決定參加的時間點開始，與孤獨的戰鬥就展開了。

可以自由開始，也代表可以自由結束。

尤其是沒有任何資格限制，不分年齡和性別，任何人都可以參加的考試。從決定「想要考取」的瞬間開始，就算是成為了考生。

但因為沒有「非考不可」的壓力，當心中浮現「最近好忙，還要讀書太辛苦了」的想法時，**「放棄門檻」也比升學考試低很多**。

因此，動力管理跟讀書方法有著同等程度的重要性。

與實際讀書方法相比，心理層面往往不受到重視，有時還會被嗤之以鼻。

然而，在證照考試當中，兩者的重要程度應該被視為同一水平。

考試合格的關鍵是「動力」

擁有一起奮戰的同學，
可以互相激勵

努力或偷懶都取決於自己

動力不需要提升，「維持」才是首要任務

我經常被問到「該怎麼提升讀書動力？」這個問題其實忽略了本質。

在這裡我要說一件重要的事，那就是，動力會下降是理所當然的事。

什麼時候讀書的動力最高呢？大概是在決定「參加考試吧！」的那一個瞬間。

動力在這一瞬間已經達到巔峰，**如果沒有採取任何進一步的行動，就會隨著考試日期的接近而逐漸下降**。無論是學習的當下，還是碰到困難的問題，或是突然工作變得很忙，這些全都是導致動力下降的因素。

要找回缺乏的動力非常困難，幾乎可以說是一旦下降就無法恢復。

動力不是用來提升，而是要讓它「不要降低」。

這是通過考試很重要的概念。

接下來將和大家分享我為了保持動力而實踐的自我管理方法。這個方法非常有效，不僅適用於考生，也讓我的生活過得更愉快、更幸福。

最重要的是不讓動力「下降」

動力一開始就是最大值，
注意不要讓它「降下來」

嚴禁過度努力！維持穩定的「動力存款」

一般來說，讀書的時間往往都是在工作、課業或家事、照顧孩子結束後的晚上才開始，我也是這樣。當讀書的時間有限時，**心情起伏往往會大幅影響學習進度**。

例如，假設你今天在工作上表現出色，簽下很多契約，自我感覺非常良好。已經讀完了那天應該讀的份量，但是頭腦還很清醒，狀態非常好。如果是各位的話，在這樣的情況下會怎麼做呢？

恐怕許多人會想著「今天狀態很好，不妨趁現在多讀一些，這樣之後就可以更輕鬆一些。」然而，這個決定乍看正確，實際上卻有著風險。

為了避免失去學習的動力，「不要打亂學習節奏」非常重要。

假設狀態好時就超前平常的進度。當天因為狀態好沒什麼問題，但是到了第二天，就會因為前一天進度超前的關係而有些疲憊。**這些輕微的疲憊漸漸累積起來，就會轉變成壓力**。

我曾經有一段時間，每到放假的日子就強迫自己從早到晚努力讀書。當天的確很有成就感，但是隔天卻不得不在疲憊狀態中去上班。這樣的生活方式持續了大約一個月之後，我變成了一個看了就知道心情不好的人，每天帶著這樣的表情面對家人與同事。

即使狀態很好，也要當機立斷

那麼應該要怎麼做呢？答案很簡單，就是「不要去做」。

即使今天的狀態很好，感覺還有餘裕多讀一些，還是不要再勉強自己，讀完今天預定的範圍之後，當機立斷去睡覺吧。

保留充裕的「動力存款」

沒計畫的努力

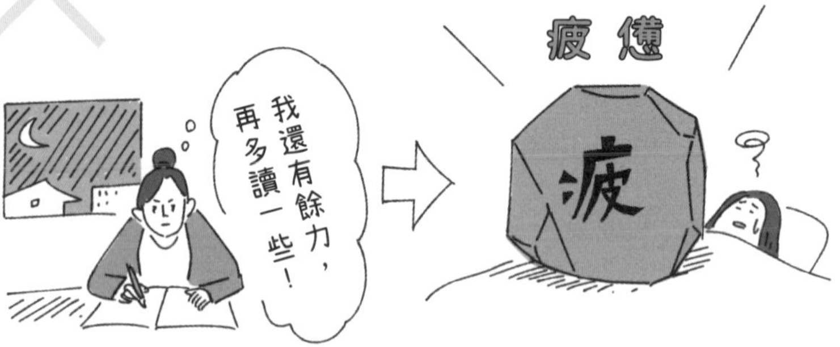

疲勞累積，造成動力下降

適當儲存動力

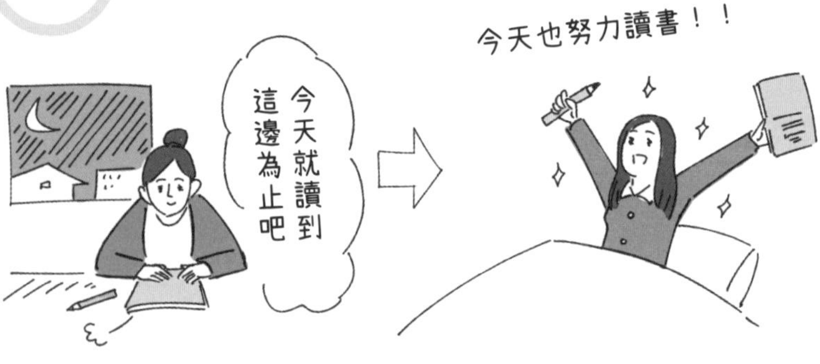

能夠維持「想要讀更多」的心情

重要的是，帶著「還想要再多讀一點啊」的心情結束一天並入睡。這樣的心情就是「動力」。帶著意猶未盡的感覺去睡覺，把動力延續到第二天，像是把動力儲蓄起來一樣。

「動力儲蓄」的優點

隔天，因為有了預先儲存的動力，從一開始的讀書狀態就會比平時更好，那天也有很大的機會能夠儲蓄到更多動力。

如此循環，非但不會累積壓力，反而可以讓動力越來越多，**形成不容易缺乏動力的精神狀態，不會因為一點小挫折就放棄**。當然，在考前一個月左右開始，多少都會把自己逼得更緊一些，但在此之前的期間，請一定要避免打亂學習節奏，盡可能多儲存讀書的動力。

用切換模式的技能，斷絕影響學習的工作倦怠

很多上班族無心準備考試，是因為工作中潛藏許多削減動力的因素。

例如，身為一名業務未能完成當天的業績目標，要保持高漲的讀書動力就很困難。即使學習的過程沒有阻礙，**工作上的失敗也會導致動力急速下降**。

我在工作上遇到不如意時，也曾經想過「為什麼這種日子還非要讀書不可啊」，工作與備考的失衡是不可避免的問題。

那麼應該如何處理比較好呢？

我實踐過最有效的方法是，**在通勤時就切換成讀書模式**。

養成「快速切換模式」的技能

說起來沒什麼，就是從踏出辦公室的瞬間，立刻把藍牙耳機戴在一邊的耳朵上，在回家的路上邊聽邊學習。

但由於在工作之後無縫接軌學習，因此從踏出辦公室那一刻起就開啟了讀書模式，可以完全忘記公司的事。而且**回家之後接著學習也很理所當然**。

這就是「習慣」。當學習成為一種習慣時，是非常強大的力量。

即使沒有任何理由，在某個時間點就會自動開啟開關，進入學習模式。對於考生來說，這絕對是一項需要具備的技能。

當我還是考生時，只要一走出辦公室，我從來不接任何工作的電話，在家中也不會談論工作的話題。

把工作和備考完全區分開來，就不必把工作當中承受的壓力帶回家。

在考過之前，請將報考的事當絕對機密

有些人會建議，一旦決定參加考試，為了讓自己沒有退路，應該要向同事和朋友大肆宣佈自己準備應考。

然而，從動力管理的角度來看，我並不同意這個方式。

無路可退，就會自我毀滅

雖然公開告訴周圍的人，斷掉自己的退路也是一種方法，但是現實層面而言，採取這種方式的人，反而更容易因為沒有退路而自我毀滅。

這是因為，如果公開宣佈要參加考試的話，狀態很好的時候不會感覺到異樣，但是**當狀態消極的時候，就會感受到來自周遭的龐大壓力**。最後因為被逼得越來越緊，而以「我今年工作太忙了，所以決定明年再考」的標準藉口迎接失敗的下場。

當我還是考生的時候，從來沒有告訴過妻子以外的人自己要去考試。這樣就不會受到周遭人們的壓力影響，而且成功考取證照時，還能帶來成就感。

對我來說，**「當大家聽到我考到證照時，會出現什麼樣的反應呢？」的期待感，也是激勵我努力讀書的因素之一**。

找他人諮詢只會增加風險

當人們開始嘗試新的事物時，往往會對自己正在做的事情感到焦慮不安，因此想要尋求他人的意見。然而，如果這件事與考試有關，我強烈建議**不要讓家族成員以外的人知情**。

這是因為，在大多數的情況下，大家並不希望只有你一個人獲得成功。

不要到處找人「諮詢」！

失去動力的
風險很高
那個證照完全沒用啊！
動力
是嗎……

不論朋友還是同事，都不一定認同考試這件事，也不一定打從心底希望你順利考取證照提升能力。

他們會說出「太辛苦了不要考啦」或是「我聽說那個證照完全沒用耶」這類的話來勸阻你。

最重要的是去挑戰看看。

若是諮詢後得到這樣的回覆，只會導致動力下滑。因此普遍來說，我並不建議大家在決定參加考試時詢問他人意見。

拋開「準備考試至少要1年」的想法

你認為準備考試需要多少時間？

當然，每種考試平均需要的讀書時間不同，需要大範圍準備的升學考另當別論。但當涉及到國家級資格考試時，大多人會認為**「至少也要準備一年左右比較好」**。這可能是因為高中和大學入學考試的經驗已經在心裡根深蒂固，總認為準備期間盡可能越長越好。

然而，**證照考試並非如此**。

舉例來說，準備宅建士考試，一般來說需要五百個小時左右的學習時間。聽到這裡，你可能會認為「如果可以，還是提前一年開始比較好吧。」但事實上，我認為**準備半年就已經綽綽有餘**。

擁有更長的學習時間不一定是好事，尤其對白天還要工作或打工的人來說。因為一天當中能夠用在學習上的時間非常有限，**準備期間越長，代表遺忘的風險越高**。

我們不能忽略了**「備考時間越長＝需要維持記憶的時間越長」**這個問題。

相較之下，我反而建議將備考時間，壓到平均備考時間的最低限度。如此一來，將能夠大幅減少遺忘的風險。

備考時間太長的缺點

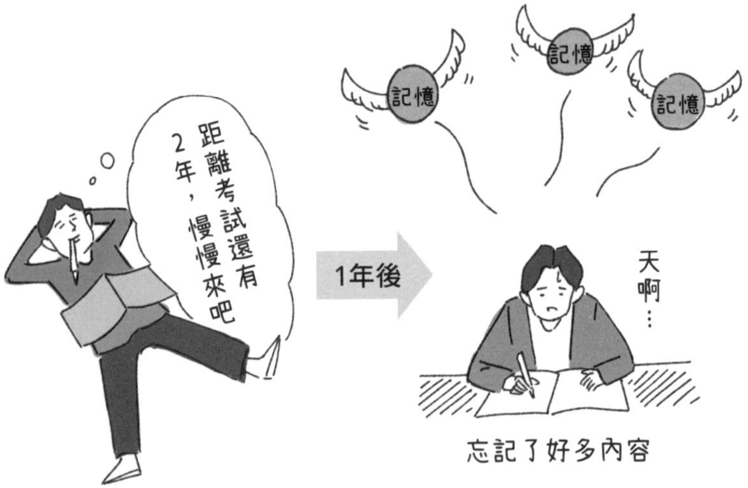

備考時間變長，代表需要記憶更長的時間

「感謝的心情」會為你鋪出成功的道路

假設你正在自己的房間埋頭讀書。此時從客廳傳來家人們嬉鬧玩耍的聲音，你會有什麼反應呢？

「我正在讀書，安靜一點！」

想必有許多人會想要這樣說吧。

實際上，這是完全錯誤的做法。

現在應該立刻拋棄的想法

我現在正在讀書，希望你能安靜下來。這些話背後的意思，就是**「我正在做讀**

書這一項偉大的事情」。

學生時期在家裡讀書時，爸媽總會盡力確保我們能有個安靜的讀書環境，甚至還會準備宵夜。

有了這樣的經驗之後，很容易不自覺認為「我要讀書＝理所當然要幫助我」。這是錯誤的想法！

的確，學習可能是一件辛苦的事情。但這是自己選擇的道路，也是一個自己決定要接下的挑戰，不應該自作主張認為家人需要幫助自己完成這個任務。

對考生來說，感謝家人的耐心，不要把家人的付出與配合視為理所當然，也是很重要的一件事。

甚至比起其他事情，我更重視這份感謝的心。時常帶著對家人的感謝之心來學習，也使我對待家人的方式產生一百八十度的轉變。

「今天也要讀書嗎？」

剛開始備考的時候，我強迫自己「假日必須要讀書」。雖然當時我已經結婚了，但是有好一段時期，我在難得的假日也是哪裡都不去，只是專心讀書。對我的妻子來說，那些日子一定很無聊吧。她毫無怨言配合我，直到有一天語帶寂寞地問我「你今天也要讀書嗎？」，看到她的表情我才驚覺，自己為了要考試這件事，讓妻子度過了多少沉悶的時光，也在無形中帶給她龐大的壓力。

我下定決心要考取證照的原因，應該是為了家庭的幸福才對。

我之所以能夠專心讀書，也是多虧妻子二話不說承擔了所有的家務事。意識到這一點之後，我對準備考試的想法產生了很大的轉變。

考試中的壓力一掃而空

在這之後，雖然還在準備考試，但我和妻子一起去了迪士尼樂園，也每週都去新宿購物，而且沒有任何罪惡感。這份對家庭的感謝之情，甚至吹散了我所有與學習相關的各種壓力。

請讓我再問一次同樣的問題。

假設你在自己的房間讀書時，聽到家人在客廳嬉鬧的聲音，會怎麼想呢？

如果抱持著感謝的心情，即使聽到自己的孩子吵鬧，也會想著「真是有朝氣耶」或是「好想早點考過一起玩呀」。而不會是惱怒。如果再抽空為他們泡一杯茶，他們也自然而然會笑容滿面地迎接你。

僅僅是這樣的微小改變，雖然一樣是有考生在的家庭，卻可以打造出彼此互相尊重的圓滿環境。

在「備考過程中離婚」的悲劇

以前，我曾經聽說過一些人在考證照的過程中，由於不懂得感謝妻子的付出，對家人太過肆意妄為而離婚。

雖然每個人考試的目的不同，但最終還是為了「幸福的生活」。當人們忘記感謝的心時，同時也忽略了真正重要的事物。

只要帶著感謝的心情，一切就都會往好的方向發展。當我還是個考生的時期，親身感受到了這一點。

「現在才開始，真的來得及嗎？」

「從現在開始準備還來得及嗎？」經常有人問我這個問題。

我的回答只有**「來得及」這一個選項而已**。

即使距離考試只剩一個月，我也會說出同樣的回答。我在很短的時間內考取了九張證照，對我來說最重要的就是「時間」。一旦決定參加考試，當然可以越早考取的話越好，這點毫無疑問。

然而，**大多數考試每年只舉辦一次，錯過這一次機會就只能等待明年**。

以我個人經驗來說，如果有超過五十％的合格機率，建議就在那一年應考。

「將考古題當作模擬考試來作答，若是兩次當中有一次合格」，就應該參加考試。

有些人非常害怕失敗，若不準備到能拿滿分的程度就不參加考試，這是非常大的錯誤。除非是一年有好幾場考試的證照，否則放棄參加一年一度的考試，令人無法置信地浪費時間。

即使決定明年再考先苦讀一整年，也不保證能百分百通過考試。**正因為伴隨著落榜的風險，所以更應該盡可能把握機會。**如果有超過五十%通過考試的可能性，那麼絕對應該當年就報考。

尤其是平常就很忙、很難空出時間讀書的人，更應該在短期內密集性學習，盡速完成考試的任務。

「從現在開始準備來得及嗎？」

我想對感到不安的全體考生說，**只要不放棄，就有機會合格**。

第 4 章

考前6個月、2個月、2週的致勝讀書計畫

掌握考前6個月的三大讀書重點

本章將會針對考前六個月、兩個月和兩個星期，這三個不同時期的學習方式及要點進行解說。

舉例來說，**剛開始學習的「考前六個月」，跟認真衝刺的「考前兩個星期」，這兩個時間點需要注意的事情完全不同**。

不僅限於證照，大多數考試都是如此。

在同時工作的情況下，一般證照類的考試，大多只要準備六個月就能合格。

接下來便針對考前六個月的三大學習重點來說明（※如果你的備考期間超過六個月，也同樣適用）。

重點①「不忘記」比「背下來」更重要

考生們都會有「總之先讀完考試範圍」的心態，不斷加快速度往前讀。這並不是一件壞事，但是**如果忽視了複習的重要性，那麼最終也是「再次把記住的內容通通忘記」**，回到原點。

當學習進入一個新階段後，很容易忘記要複習上一階段的內容。如果你像我一樣不是擅長讀書的人，將讀過的部分放著不管，一個月之後肯定完全忘記，然後學習動力就會一口氣跌到谷底。所以絕對不能走到這個地步。

反覆不斷複習測驗題庫，回想的速度就會變快，花的時間也會減少。

但是如果只確認題庫試題的對錯，那麼也只會停留在考古題的「點」上，離考試合格的分數還有一段距離。不僅要複習考古題，連其「延伸資訊」也要一起複習。這將是成為合格者與落榜者的分水嶺。

重點②避免過度深入「刁鑽領域」

無論什麼考試都存在著很難得分的「刁鑽領域」。

這類型指的不是靠記憶就能作答的「背誦型試題」，而是**「應用型試題」**，例如計算題或針對法律相關案件來出題的方式。相較於只要記得住就能成功解題的背誦型試題，應用型試題考驗的是下列兩種技能。

1：記憶力──記住該知識的能力

2：應用力──活用知識獲得答案的思考能力

要解答應用型的試題，不僅關乎記得與否，更重要的是活用能力。換句話說，**即使花很多時間學習，也不一定能從這裡拿到分數**。

此外，與背誦類型的試題不同，應用型試題的難易度完全因人而異，像我就非常不拿手。

為了提升讀書效率，學習時請實際作答看看，一旦發現自己不擅長的領域，不要花更多時間鑽研，先跳過往後讀。

舉宅建士的考試來說，通常第一頁會從「限制行為能力者」開始。對於沒有法律基礎知識的人來說，這就是一個全然陌生的未知領域。面對難以理解的部分，如果大腦卡住了也不要太在意。每個領域都堅持弄懂再往下學習，將會白白花費大量的時間，而且最後可能根本不會出現在考試中。

建議先讀完一輪之後，再將不理解的部分逐步補強。如果一定要完全讀懂再進入下一階段，不僅沒有效率，也會帶來更多挫折。

將火力集中在「得分領域」

以宅建士、公寓大廈事務管理人員、管理業務主任者等證照考試來說，民法的難度較高，相關的歷屆考題普遍也比較難。

若是行政書士的考試，則不建議花太多力氣在商法和公司法上，因為這些領域的範圍很大，配分卻很少。說實話，即使精通這些領域，在正式考試中也可能沒時間作答。

特別是行政書士考試，五個選項的選擇題，光是閱讀題目就要花很長的時間，無法在考試時間內做完試題也很正常。我閱讀的速度很慢，因此針對CP值不高的商法和公司法，我在正式考試中除了簡單的試題之外，一律無視。

這項戰略幫助我妥善調整自己的節奏，順利通過了考試。

重點③將讀書進度具體視覺化

在不影響工作或家務的前提下準備考試，時常會因為突發狀況而不得已變動讀書計畫。當這樣的情況頻繁出現，就會讓人漸漸變得焦慮，產生「還是明年再考好了」的念頭，半途而廢。

之所以會出現這種消極的想法，是因為無法掌握自己的學習進度。也就是說，對於自己「現在讀到哪裡，還有多少範圍還沒著手」沒有明確的概念，因此只要讀書時間受到擠壓，就會沒來由地焦慮不安。

為了預防自己陷入這種局面，我採用的方式是「將學習進度具體視覺化」。下一頁是我在準備行政書士考試時使用的部分記憶週期表。

在備考期間，我**每讀完或複習完一個單元，就會用螢光筆塗上顯眼的顏色**，讓自己一眼就能看清楚「已完成」和「未完成」的範圍，藉此消除對進度的不確定性所帶來的焦慮感。

用其他方式也可以，**關鍵是透過「具體視覺化」讓自己可以清楚掌握進度**。如此一來，不僅能夠減緩不安，隨著顏色越塗越多，內心也會越來越有成就感，讓讀書動力得以維持在一定的水平。

我實際上使用過的
記憶週期表

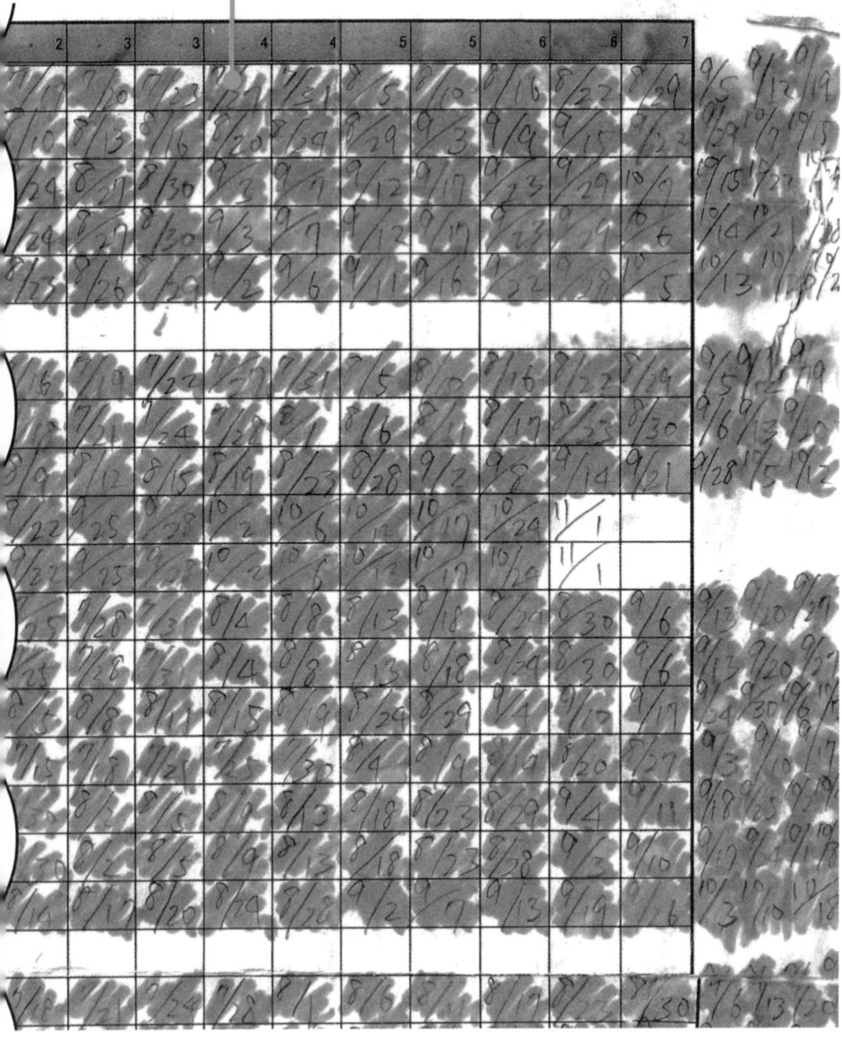

讀過的地方用螢光筆塗上明顯顏色

攻略問題集 暗記スケジュール

	0.5	1	1	1	1	2
憲法1−5	7/9	7/10	7/11	7/12	7/13	7/15
憲法6−10	[illegible]	8/3	8/4	8/5	8/6	8/8
憲法11−15	8/16	8/17	8/18	8/19	8/20	8/22
憲法16−20	8/16	8/17	8/18	8/19	8/20	8/22
憲法21−24	8/16	8/17	8/18	8/19	8/20	8/22
行政法総論1−5	7/6	7/9	7/10	7/11	7/12	7/13
行政法総論6−10	7/10	7/11	7/12	7/13	7/14	[illegible]
行政法総論11−15	8/1	8/2	8/3	8/4	8/5	8/9
行政法総論16−20	9/12	9/13	9/14	9/15	9/16	9/18
行政法総論21−23	9/12	9/13	9/14	9/15	9/16	9/18
行政手続法24−29	7/16	[illegible]	7/18	7/19	7/20	7/22
行政手続法30−32	7/16	7/17	7/18	7/19	7/20	7/22
行政不服審査法33−39	7/28	7/29	7/30	7/31	8/1	8/3
行政事件訴訟法40−45	7/6	7/9	7/10	7/11	7/12	7/13
行政事件訴訟法46−52	7/21	7/22	7/24	7/25	7/26	7/28
国家賠償法53−~~57~~56	7/21	7/22	7/24	7/25	7/26	7/28
地方自治法~~58~~57−64	8/7	8/8	8/8	8/9	8/10	8/12
民法総論1−5	7/10	7/11	7/12	7/13	7/14	7/16

考前2個月，確保現有題庫已經寫入大腦記憶體

到了考前兩個月左右，有許多考生會陷入一種「類購物狂」的狀態。這之後的時期是一場心理戰。隨著考試日逼近，當人們感到焦慮時，會想要透過購買更多參考書與測驗題庫，來填補內心的不安。

我也曾經有過這種買東買西的時期。但後來我透徹領悟到，比起買新的參考書，**將手邊現有的參考書練習到完美，更容易通過考試**。現在才開始買參考書，也無法在考試前將它們讀完。

除了少數人以外，一般人的記憶能力有限。如果在試圖將現有的測驗題庫全部記住的同時，又塞入不同參考書或題庫的知識，反而會因為記憶體超載而導致舊的記憶被覆蓋。

測驗題庫與參考書，都需要熟悉到一定的程度才能起作用。而且，因為目前為止已經用習慣了手邊的參考書以及測驗題庫，如果再購買一本新的書，不論是排版還是插圖都要重新適應。這是一件非常沒效率的事情。

讀得多不如記得牢

距離考試不到兩個月，這個階段最大的任務，應該是徹底研讀手邊的測驗題庫和參考書。特別是對自己來說最重要的「得分領域」。「徹底研讀」指的並不單單只是解題，能夠解決試題是理所當然的事情。

・解決試題的過程

・圍繞著歷屆試題的延伸資訊

只有在這兩點都充分掌握的情況下，才稱得上徹底研讀。我也實際收到許多網友的回饋，告訴我：「讀好一本參考書和一本測驗題庫就考過了！」

唯一能購買的只有「這個」

如果因為焦慮不安買東買西，不只沒有安定的作用，也會花更多冤枉錢。**在距離考試不到兩個月的期間，唯一能購買的東西就是「模擬試題」**。

無論如何都想要買的話，就買模擬試題吧。但即使購買之後，也務必要繼續反覆複習現在手邊的測驗題庫。

最重要的是「不要忘記至今讀過的內容」。如果分心去學習新的事物，反而導致之前累積起來的記憶消失，就得不償失了。

考前2週是黃金衝刺期，以「個人模擬考」徹底演練

對考生來說，考試前兩週是「超級獎勵時間」，與過往的兩個星期有著完全不同的意義。

我至今為止一直強調，準備考試最大的風險就是「遺忘」。無論花了多長的時間讀書，考試當天忘記了就毫無意義。因此，我使用大量記憶法來學習，確保記憶維持的長度。當然，這個方法將會持續使用到考完為止，而在此之外，考前最後兩週還會有一段超級獎勵時間。

考前兩週，是最直接影響到分數的衝刺期間。因為可以維持最清楚的記憶進入考場，也可以說，這兩個星期當中讀了多少，大幅影響考試的成敗。

那麼，在這兩個星期應該做些什麼？有兩個最大的關鍵點。

關鍵①持續複習

請務必繼續使用大量記憶法。若是鬆懈的話，至今累積起來的事物將出現漏洞。複習時請務必「確認解題過程」與「回想延伸資訊」。如果只是不斷反覆做試題，完全無法招架那些從未見過的題目。

關鍵②多做幾次模擬測驗

我一次也沒有參加過任何實體的模擬考試，而是購買市售的模擬試題，在家中自我進行模擬考。模擬試題一本裡面大約包含了三回考題，至少要全部做過一遍。

這邊需要特別注意的是，**「至今為止只寫過考古題」的人，請務必購買市面上販售的模擬試題來進行測驗**。

根據我的經驗，明明在寫過去五年的考古題時輕易就完成了，但是當我使用市售的模擬試題來做做看之後，卻花了非常多的時間，甚至差點寫不完。

為什麼會發生這種情況？

因為從開始備考至今，都是以考古題為主要教材，所以如果直接以考古題來模擬考試，很多試題早已經知道如何解答。另一方面，由於**市售的模擬試題大部分都是從來沒見過的題目**，因此需要花更長的時間來思考。

如果到正式考試才初次接觸從來沒見過的題目，將會大幅打亂作答的節奏，甚至因為焦躁而導致慘不忍睹的結果。

因此，如果還沒有碰過不曾見過的題目，請務必去寫模擬試題。**這有助於讓自己了解「理解沒見過的試題需要花多少時間」，更加掌握自己的答題節奏。**

考試當天，專注力就是通往成功的第一步

考試當天也有許多不同的「風險」。

有人為了考試全力以赴，也有人只是想「考個紀念」。尤其越多人報名的考試越是具有這樣的傾向，考場中總會有些對考試毫不上心的人。如果跟這些人待在同一間教室或是坐在旁邊，在某些情況下**很有可能會分散你的專注力**。統整網友提供給我的經驗，最常在考場上發生的是下列情況。

- 隔壁的人完全沉浸在自己的世界，在考試時不斷用腳踩著節奏
- 旁邊的人很早就做完試題，面向我趴在桌上呼呼大睡
- 主考官走過時掉了大量的文件，發出巨大聲響

你可能會想「這些都是意外吧？」。但實際上在考場中，這些五花八門的「意外」層出不窮。讓我印象深刻的就是「廁所問題」。

考前5分鐘，教室內一片嘈雜

這是我在參加管理業務主任者證照考試時的真實經歷。考場是大學校園，考試開始前約三十分鐘開放入場。

等所有人都入座之後，主考官開始發放答題紙與試題，並說明考試相關注意事項，此時我旁邊那一排的考生突然舉手說「我想要去洗手間。」

距離考試開始只剩不到10分鐘。主考官猶豫了一下，還是同意讓他去洗手間，於是那名考生急忙走出了教室。

緊接著，還在教室內的**其他考生紛紛抱怨「現在應該不能去廁所了吧？」**，因為在一般情況下，試題本發放後為了避免考題流出，不能允許考生單獨去廁所。

當然也許是因為考試時間未到，主考官才同意讓該名考生獨自去廁所。但因為發生了這樣的事情，教室內引起了一陣騷動，主考官也開始慌張聯繫其他工作人員。此時距離考試開始還有五分鐘。

就結論來說，考試還是按照預定時間準時開始了。但我想要跟各位說的是，**考前的這些突發狀況，都是造成精神動搖的因素**。

再加上，近年來因為新冠疫情爆發，各考場為了通風都會將窗戶打開，因此很容易聽到附近的噪音。**特別是在車站前或是大馬路旁的考試會場**。

一位在新冠疫情中參加考試的考生告訴我，在考試時間中，因為聽到卡拉OK熱唱的聲音而無法集中注意力。為了不讓唸書的努力白費，接下來要介紹兩個建立強大專注力的方法。

預防方法①預設吵雜的立場

如果在你預設的立場中，考場就是安靜又能集中精神的環境。萬一發生任何突發情況，就會因此焦慮而無法集中精神。

在考試當天最重要的，是無論在任何情況下都保持「冷靜」。

「考試會場會有各式各樣的人，一定會有噪音。」

做好這樣的覺悟之後，無論當天發生什麼事情都不會詫異。

預防方法②練習在吵鬧的地方讀書

如果平常習慣坐在書桌前，在安靜的環境中讀書，遇到嘈雜的地方可能就無法集中精神。需要為了正式考試事先採取必要措施。

你也可以使用第二章中介紹的「邊聽邊學」，**在嘈雜的環境，例如公園、咖啡廳、家庭餐廳等，練習在紛擾的環境中集中注意力答題**。

我在網路上也分享過訓練考生提升注意力的影片，讓考生在勇者鬥惡龍這樣的遊戲戰鬥場景當中，作答一個又一個的試題。這個訓練是為了讓大家在實際應考時不受到干擾而分心。訓練成果也獲得了許多肯定的回饋。

「考前焦慮」是最好的讀書夥伴

每到考前最後時刻，我都會收到許多關於「焦慮」的諮詢。

「我覺得自己快被焦慮的情緒淹沒了。」

「請告訴我如何對抗不安的心情。」

大家不妨換個角度思考。

「首先，我們有必要對抗焦慮不安的心情嗎？」

我認為，**「焦慮不安是最強的夥伴」**。

舉例來說，這個週末有一場巧克力檢定的考試，而你只是去考個紀念的。你幾乎沒有讀書，因為只是去增加考試的經驗而已。

現在，你會感到焦慮不安嗎？

應該不會吧，因為你沒有付出任何努力讀書。

因為對你而言成績怎樣都好。

在這樣的情況下，名為焦慮不安的夥伴不會分分秒秒跟隨著你。

「不安」也是一種動力

焦慮不安的情緒，只有在你非常努力的狀況下，才會受到吸引而來到你身邊。

它們會陪在你身邊支持你，使你到考完為止都保持警惕不鬆懈。

你不會被焦慮不安壓垮。

只是受到焦慮不安的鼓舞。

只要你不逃避，它們就會一直幫助你直到考試結束。

如果你努力學習，到了考試當天，焦慮不安的夥伴就會蛻變為「信心」，陪伴

你取得更好的成績。

之所以能夠與焦慮不安的夥伴同行，代表你正在通往合格的道路上。
如果你成為了一名考生，並且受到焦慮不安侵襲，請務必想起這件事情。
所謂的焦慮不安，是你直到考試當天為止的「戰友」。
到了考試當天，名為焦慮不安的夥伴就會消失。你將永遠不會再遇見它。
你唯一能感到焦慮的時刻就是現在而已。
仔細品嚐那股焦慮不安的心情，絕對不要停下前進的腳步。
只要你不停下腳步，你的焦慮不安將會變成最強大無畏的自信。

第 5 章

正式上場！考試日當天的搶分攻略

維持絕佳的身體狀態

考試當天的身體狀況，大幅影響著考試分數。

在本章中向各位分享的，是我在考前以及考試當天實際準備的狀況。首先，第一項就是「注意身體健康，避免受傷的可能」。有人認為這是老生常談，也有人認為明明不是體育競賽，為什麼一直強調不要生病、受傷？但事實上，如果身體沒有保持在最佳狀態，考試當天就無法發揮出120%的實力。

第一次參加宅建士證照考試時，可能是因為前一天讀到半夜，我帶著可怕的睏意踏進了考場。因為太想睡，我喝了含有大量咖啡因的飲料硬是打起精神，但結果還是與我平時的表現水平差了一大截，以一分之差落榜。

即使努力好幾個月讀書，如果考試當天沒有保持良好的狀態，一切就徒勞無功了。有了這段慘痛的經驗，我學會了認真管理考試當天的身體狀態。基本上大致可以分為兩個重點。

重點①前一天早點睡，當天早點起來

為了確保自己在考試當天處於最佳狀態，前一天不要讀到太晚，晚上十點左右就可以準備上床睡覺了。太早就寢反而會睡不著，因此在**差不多想睡的晚上十點是最理想的時間**。

然而，基於考生的心態，一定會很想在考前做最後的衝刺。此時，我的建議是考試前一天早一點就寢，考試當天早一點起來讀書。

考試大多是在白天舉行，因此**如果在早上七點左右起床，那之後就有幾小時的時間能夠做最後的複習**。這樣做會比前一天讀到深夜更有效率，最重要的是，這能使大腦先開始低速運轉。根據我的經驗，如果在考試當天先讓大腦暖身開機，處於低速運轉狀態，更能在考試時快速進入最佳狀態。

重點②避開任何受傷的可能

到目前為止，大多數的考試還是以用鉛筆在答案卷上作答的方式進行，因此在考試當天，能否流暢用筆也會直接影響作答節奏。哪怕只是手指被劃傷，也有可能會打亂作答節奏。因此，**從考試前一週開始，建議避免做料理或是球類運動，盡可能迴避受傷的風險**。

避免分散注意力的必備物品

說到考試當天應該要攜帶的東西，多半認為只有准考證和文具用品而已。然而，對我而言，**為了避免考試中受到干擾，以及提高應考水平，我還會隨身攜帶接下來介紹的三種物品**。

必備物品①口腔清潔用品

牙刷、牙線、牙線棒都可以，請隨身攜帶可以清潔口腔的東西。

你可能會很納悶，但這是一定要帶的物品。在考試當天，理論上要提早抵達考場附近，我也認同這點。因此，如果考試是在下午，就會在考場附近吃午餐。

假設吃東西時剛好卡在牙齒深處，無法弄出來的話會怎樣呢？

我以前有經歷過這樣的情況。我在考試會場內吃著飯糰，突然有食物卡在我的牙縫裡，無論怎麼漱口都無法弄出來，讓我非常在意。

搜尋了一下有販賣牙刷的便利商店，但遠在廣闊的校園另一頭。雖然最後順利買到了牙刷，卻也**浪費了考前寶貴的時間**。

如果當時帶了牙刷，就能夠快速解決這場危機。正因為是一年只有一次的機會，再小的風險都應該盡量避免，做好萬全的準備。這是我成功考取九張證照後的經驗談。

必備物品②舒適的口罩

受到新冠疫情的影響，口罩已成為隨身必需品，但並不是任何口罩都可以。建議考試當天使用的口罩，**一定要事先在模擬考試時，戴著作答看看**。

現在大街小巷販賣的口罩各式各樣，戴起來的舒適度也會因產品而有很大的差異。考量到防疫需求，戴口罩是理所當然的，不過關於考試當天使用的口罩，強烈建議要先試戴看看，並且確認下列三個重點。

●呼吸的順暢度

有些口罩會使用較厚的材質來抵擋病毒，但如果在考試當天長時間配戴，可能會感到呼吸困難。因此請在考前**實際戴兩個小時看看，確認配戴後呼吸是否順暢**。

●眼鏡是否起霧

戴眼鏡的人，**一定要事先確認戴上口罩後，眼鏡會不會起霧**。特別是在冬季舉行的考試，如果眼鏡很容易起霧，就會影響考試時的專注力。

我是鷹鉤鼻（鼻子前端尖尖的），呼出的氣息很容易從口罩漏出來，讓眼鏡起霧，因此我除了在眼鏡上塗抹市售的防霧產品，也會特地挑選能與鼻子緊密貼合的口罩類型，避免受到干擾。

●不壓迫的尺寸

在考試當天，一點雞毛蒜皮的小事也會變得非常敏感。**如果戴了一個尺寸非常剛好的口罩，那麼有可能在這兩小時當中，出現耳朵疼痛的問題。**如果可以的話，多預備幾個稍微寬鬆的口罩，並且在進入考場之前換上。

必備物品③葡萄糖

大腦的能量來源是葡萄糖。在考試當天適度補充葡萄糖能夠提高大腦的表現，也能提升專注力。最近，藥局也有販賣葡萄糖，但是我自己是吃彈珠汽水風味的葡萄糖錠。便利商店就有在賣，包裝大小也很容易攜帶至考場。

考試當天的禁忌

在考試當天，有一件很多人常做，但我強烈不建議做的事情。

那就是「攝取大量水分」，尤其是「**喝提神飲料**」。

我經常看到考生在進入考場前，為了提振精神，先去便利商店購買提神飲料，然後一口飲盡。我非常不建議這樣做，因為提神飲料、咖啡等**含有大量咖啡因的飲品具有利尿的效果，會讓人一直想要跑廁所**。

一般情況下這當然不成問題，但如果是在考試途中，不難想像，這絕對會是一個莫大的干擾。當然不得已的話，還是可以在主考官的陪同下前往廁所，可是考試時間有限，並沒有充裕到可以這樣浪費。

就算不到無法忍耐的地步，考試期間感受到尿意也會讓人分心，無法一心一意在考題上，對考生來說沒有任何的好處。

以「高答錯率清單」高效抱佛腳

你在考試當天會讀什麼？

很多考生都是第一次參加考試。我經常在考場看到考生不知道自己該做什麼，一臉茫然盯著參考書看。但是在考試之前，還有更重要的事情要做。

利用短暫記憶，將不擅長的試題一網打盡

假設有一道試題很棘手，你明明寫過了還是常常答錯。那麼當試卷中出現相似題型時，寫錯的機率當然也很高。

但如果在考前再次複習過就不一樣了，一定能夠輕易征服它。

我想說的是，「花費一年理解的知識」與「考前恰好瞥到的知識」，即使付出的努力程度不同，獲得的分數卻是一樣的，在考試這場一次定生死的「勝負」中具有同等的價值。

無論內容多困難，只要在考試開始之前剛好看到，能順利解決它的機率就會大幅增加。也就是說，**考試前複習到的知識越多，答對題目的機率就會越高**。充分利用這一項優勢，相信一定可以在正式考試時發揮出超越平時的實力。

準備好自己的「高答錯率清單」

在考試開始前，應該做的不是隨意翻閱參考書，也不是盲目寫測驗題庫，最有效益的方法，是拿出事先準備好的「錯誤清單」，把握最後時間總複習。**將考前一個月到考試當天，曾經答錯兩次以上的試題列出來，在開始考試前一口氣瀏覽過**。

如果一個試題做錯兩次以上，表示這道題目對你來說特別難記憶。

因此，如果在正式考試中出現了類似考題，很有可能得不到分數。所以務必在考試開始之前，一口氣複習完這些高風險的試題，藉此短暫加強腦中的印象。

反過來說，從來沒有答錯過第二次的試題，表示已經深深記憶在腦海中，因此沒有必要在考前特地再次複習。

這裡的關鍵，是如何製作錯誤清單。

聰明使用便利貼節省時間

一題一題把反覆答錯的試題騰寫到筆記本上，需要花費許多時間。因此，我的方法是直接在測驗題本上貼上便利貼標記。

只要曾經答錯兩次的試題，我就會貼黃色的便利貼，做錯三次以上的貼紅色便利貼，像這樣自己做出分類並貼上標記。

然後，我會將那本測驗試題帶到考場，把握最後時間瀏覽貼上便利貼的試題。

最後助攻的「高答錯率清單」

寫在筆記本上

要將試題統整到筆記本上很費時

在測驗試題本
貼便利貼

做錯2次的試題貼黃色便利貼，
做錯3次以上的貼紅色便利貼，
一目了然的分類方式

先從擅長領域搶分，建立堅定的自信心

接下來將會跟各位介紹，宣布考試開始之後使用的「攻略技巧」。

大多數考生拿到試卷後，**都會按照順序作答，但這不一定是最佳選擇**。

如果在考試一開始答題答得很順暢，就會產生「很好！我做得到！」的積極心態，接下來也有很大的可能性維持這個良好狀態，繼續順利作答。

反過來說，如果才下筆就被試題絆住，就會湧現「怎麼辦，第一題就寫不出來了」的想法而瞬間消沉，在忐忑不安的心情中往下作答。

就像這樣，**考試剛開始時作答的手感，會對整場考試的狀態造成很大的影響**。

舉例來說，就宅建士證照考試而言，從第一題到第十四題是「權力關係」，難度非常高，需要花很多時間來作答。另一方面，難度較低的「宅建業法」則是從第二十六題到四十五題，被安排在試卷後半段。

因此，從第一題開始作答的人很有可能因為立刻卡關而忐忑不安。

不要依照順序，依照難易度作答

我的方式，是在考試開始後馬上翻到後半段，先從比較簡單的宅建業法作答。

宅建業法的問題相對容易，而且每一題需要的時間也比較短，**有助於建立良好的自信狀態**。如此一來，在寫完宅建業法的試題後，也能夠保持「很好！我今天寫得很順！」的手感，在面對困難題目時冷靜作答。

雖然我舉的是宅建士證照的例子，但我所考取的九張證照考都適用同樣方法。

考試沒有規定要從哪一題開始寫，**因此強烈建議先從自己最擅長並且能夠快速解決的試題開始做起**。

在模擬考中事先練習

但是，在使用這個技巧之前，一定要先在模擬考試當中練習看看。如果沒有練習直接上場，很有可能因為不熟悉順序的變動，不小心畫錯答案卡等等。最重要的是，**心裡可能會浮現「不按照順序寫沒問題嗎？」的質疑，反而增加心理層面的壓力，這樣就沒有什麼效果了**。

因此，一定要先在模擬考中實際感受到效果，再使用於正式考試中。

用〇X確認法，預防考試時的粗心大意

大部分的考試，還是以四個選項的選擇題為主，出題方式也以「下列何者正確」或是「下列何者錯誤」居多。

絕對要避開的錯誤

剛開始閱讀試題時，還能清楚辨別「下列何者正確？」→「所以要找出正確的選項」，**但隨著過目的試題變多，可能會不自覺混淆正確和錯誤，將要選出正解的題目誤看成要挑錯的題目**，白白錯失已經到手的分數。

我會在**閱讀完試題之後，先在上面畫一個大大的〇或是X記號**。若是像「下列

防止粗心錯誤的「OX確認法」

1

要選出正確答案
的題目就記上O

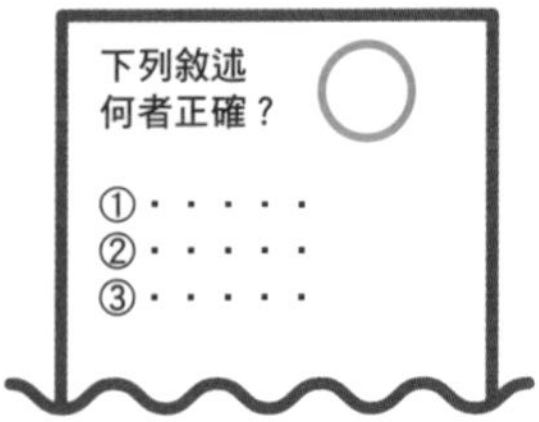
下列敘述
何者正確？
①・・・・・・
②・・・・・・
③・・・・・・

2

要挑出錯誤答案
的題目就記上X

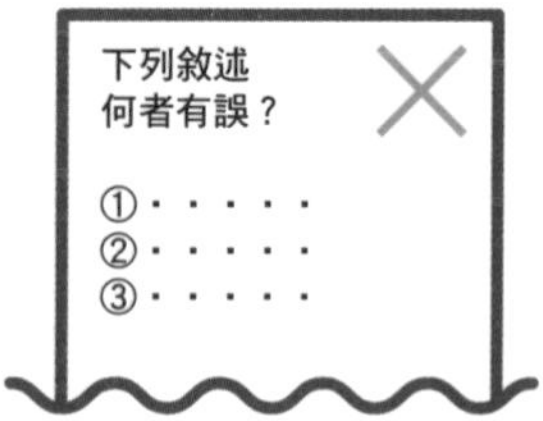
下列敘述
何者有誤？
①・・・・・・
②・・・・・・
③・・・・・・

何者正確」這類要找出正確選項的題目，便在文章上面畫一個大大的○；若是「下列何者錯誤」的題目，便畫一個大×。

如此一來，**因為O或是X會先印入眼簾，能夠有效降低前述的誤會情形**。雖然簡單，但確實是可以避免粗心錯誤的方式，請務必嘗試看看。

活用分隔符號幫助閱讀，加速理解長篇文章

有些考試的時間充裕，有些卻不然。特別是國家級別的證照考試，更容易出現需要多次確認的選項，導致時間非常緊湊。所以平時就要訓練自己盡可能讀一次文章便能理解內容。話雖如此，我自己本身也很不擅長閱讀長篇文章。

但是，我開始使用下列技巧之後，閱讀理解度也跟著提升許多。

活用分隔符號

我的方法簡單來說，就是「**在文章中加入分隔號**」。即便碰上四行左右的長篇敘述題，只要在文章中加入分隔號來分段就很容易理解。

● 具體例子

「債權人針對債務不履行訂定相當期限催告其履行而債務人於期限內仍不履行，亦或經過該約定之期限仍不履行時，若雙方契約與社會買賣共識對比屬情節輕微者，債　人不得任意解除契約」

這個是宅建士證照考試題目的選項之一。因為試題文章經常會把許多資訊串在一起，順著閱讀非常難以理解。以上面舉例的文章來說，若要方便閱讀可以如下文般，一邊閱讀一邊插入分隔號。

「債權人針對債務不履行訂定相當期限催告其履行／而債務人於期限內仍不履行／，亦或經過該約定之期限仍不履行時，若雙方契約與社會買賣共識對比屬情節輕微者，／債權人不得任意解除契約」

插入分隔符號的位置

分隔的標準大致是**「每完成一個敘述，或敘述告一段落的位置」。文章中的句號或逗號未必是斷句的位置**，尤其法律相關的試題，往往有標點符號間隔過長的傾向，所以必須在沒有句逗號的地方插入分隔符號。

以前文來說，之所以在「催告其履行」的後面插入分隔符號，原因在於後方的「而債務人」已經開始敘述下一件事。

不過，上述例子只是參考，**在自己覺得容易閱讀、理解的地方畫上分隔符號即可**。平常讀書時就可以多使用此技巧，在正式考試時才能更加活用。

做好「下好離手」的覺悟，爭取最終檢查時間

為了流暢完成考試，作答時間的分配非常重要。相信有許多人即便模擬考過很多次，實際上場依然覺得時間不夠用。

此時想要建議大家，大膽使用「下好離手」的答題小技巧。

所謂的「下好離手」，指的是瀏覽題目選項時，**假設看到答案是A，便直接跳過後面的B、C、D不讀**。

大多數考試的選擇題答案，會維持某種程度的平均，所以正確答案為A的題目勢必佔有一定的比例。碰到答案是A的題目就跳過後面選項不看，意外能夠節省下不少時間。

平均來說，閱讀一個選項大約需要十秒鐘，如果再加上思考的時間，省略三個

選項不看，等於多爭取到至少三十秒鐘的考試時間。

而決定是否跳過的關鍵點，在於能否確信答案是Ａ。假設題目是「下列選項何者有誤？」，當Ａ一看明顯是錯的，ＢＣＤ的選項就不用再看了。

但如果有點猶豫就不要跳過，先把後面的選項看完再作答。

目的是為了爭取「檢查時間」

說到這裡，一定還是有許多人覺得「保險起見，全部選項都看過比較好吧」。

請各位放心，跳過的選項會在試題都寫完後再回頭檢查（詳細的檢查重點會於後面再說明），總之不要擔心跳過會遺漏掉什麼，之後再檢查就好。**而「下好離手」最大的用途，便是讓考題盡可能提早寫完**。

千萬不能小看正式考試時的壓力。

特別是對於閱讀速度緩慢的人來說，有可能整場考試都深陷在緊繃不安的焦慮中，導致原本能答對的題目都答錯了。

而「消除焦慮」唯一的方式，就是「盡早寫完考卷」。

當所有題目都作答完畢，「至少已經在時間內寫完了」的安心感便會抵銷掉「可能寫不完」的焦慮情緒。**當焦慮消失後，剩餘的時間就能夠以冷靜的精神狀態檢查，不但更容易抓出粗心的錯誤，也更有可能解答出較難的題目**。我在實際考試中有好幾次都是在最後檢查到粗心的錯誤，救回不少分數。

請務必在模擬考試時，先練習過「下好離手」的答題方式。以免在正式考試時才第一次跳過選項，很容易陷入「跳過真的沒問題嗎？」的自我懷疑。然而，只要嘗試並實際感受過成果，那份不安感就會消失，更能專注在考試上。

在考卷上遇到魔王難題，一律先繞道而行

我至今為止報考過九個證照考試，它們的共通點就是，**試題中一定會有幾道為了考倒考生而設的「超級難題」**。

不管什麼考試都有預設的平均值或及格分數，考題的難度也會依據預設的平均分數來做調整，並為此在考題中配置幾道「難度特別高」的題目。

考生們應對這些難題的方式，也會為最終獲得的成績帶來極大的變化。

舉例來說，如果沒有任何想法埋頭作答，遇到這種魔王級的題目時，白白耗費大量時間不說，最後也有可能答錯，落入出題者的圈套。

而我面對這些魔王題目的方式，就是「毫不猶豫跳過」。

通常只要讀過試題，就會知道這道題目的難度。**如果發現這是一道困難的題**

目，不要想了直接先跳過去，最後再回過頭來解決。也就是說，先確保能夠拿下的分數都到手了，困難的試題最後再處理。

以我自身經驗來說，五十道考題中大約會包含三到五道魔王考題。在考宅建士證照的時候，對我來說的魔王考題具有下列幾項特徵：

- 需要計算報酬金額的問題
- 需要計算繼承比例的問題
- 每一個選項都很長的問題
- 從來沒見過的知識類問題

尤其是需要計算的問題，即使順利算出來也要耗費大量的時間。所以我會暫且跳過，先將其他考題都寫完，心情比較冷靜時再來解題，腦袋反而意外清晰。

事先做好「跳過」的練習

關鍵點在於是否能「毫不猶豫」跳過。**如果解到一半才跳過，就會非常沒有效率**。平時可以在模擬考時多練習，稍微閱讀一下題目，如果感覺要花許多時間，就毫不猶豫先跳到下一題。

在此也稍微提及作答時間的分配方式。

以宅建士的考試為例，兩小時內要完成五十題。如果單純以數字來看，每一題的作答時間約為兩分二十四秒。然而這是理想狀況，所有考試都一樣，一定都有比較花時間的題目，跟可以快速回答的題目。

這會依照每個人、每種考試而不同。所以請務必透過模擬考掌握自己在不同類型的題目上粗略需要的時間，再來分配自己的作答時間。

先決定最終檢查的優先順序

提升合格率的關鍵，在於「**檢查**」。

即便是解題速度慢的人，考試時只要善用「下好離手」及「跳過難題」的答題技巧，大約可以爭取到十五分鐘左右的檢查時間。

檢查的重點在於「**優先順序**」。

在題目上做記號

因為時間有限，必須針對題目決定優先順序，並盡快開始檢查。我為了使檢查順位一目瞭然，會在題目編碼處先做上記號標示。

・難度高先跳過的題目……☆
・寫了但不太肯定的題目……◎
・以「下好離手」方式回答的題目……○

最有效率的檢查順序為☆→◎→○。

考卷寫完之後，我會先從標記☆（先跳過的試題）開始檢查；接著再次確認◎（有點沒信心的試題）；最後再看一次○（解答時跳過選項的題目）。

像這樣在解題時隨手先做上一目瞭然的記號，回頭檢查時便不用再思考從何下手，能夠更加把握每一分一秒的檢查時間。

保留最後兩分鐘給答案卡

檢查結束後，最後兩分鐘還有一項重要的工作「確認答案卡」。

好不容易寫出正確答案，如果填錯答案卡丟掉分數，一定會十分懊惱。然而，聽起來這麼粗心的事，卻意外地經常發生。考試中即便答案卡有一排畫錯，緊張的我們也不太會察覺。**所以在考試最後，請務必保留兩分鐘，再次檢查答案卡**。

這個方法除了可以避免粗心，也能夠在放榜之前，減少變數帶來的不安。

大部分的考試都會隔一個月才放榜。我曾經有一次忘記檢查答案卡，結果**自己算分數時雖然有達到合格成績，還是因為不確定有沒有填錯答案卡而忐忑不安**。考試最後兩分鐘，請再次確認答案卡的正確性吧。

第 6 章

短時間考取多張證照的戰略——「同時報考」

同時報考的最大好處在於「延續記憶」

對於想要多考一些證照，但又因工作、家務或育兒而忙碌到沒有時間讀書的人，我特別推薦「同時報考」的方式。所謂的同時報考是指，在同一年之內，報考多項相似的考試。我過去就曾經在兩年內考取了六張證照。

第1年：宅建士（10月）、公寓大廈事務管理人員（11月）、管理業務主任（12月）

第2年：2級金融規劃技術員（5月）、商業實務法務檢定®2級（6月）、行政書士（11月）

同時報考的好處

1
能夠有效活用學到的知識！

證照A跟B有許多相似題目！

2
能夠輕鬆維持記憶

證照A在10月考， 證照B在11月考

雖然我個人推崇同時報考，但也時常聽到有人批評這樣「太亂來」。然而，同時報考絕對不是天方夜譚，反而是**能夠提升合格率的高效讀書方法**。

你可能感到疑惑：「同時準備不同的考試，不會容易顧此失彼嗎？」對此，我抱持著不同的想法。

我當初之所以決定同時報考，是因為我**想要有效活用所學的知識**。

宅建士證照的考試範圍中，牽涉到許多民法，而公寓大廈事務管理人員及管理業務主任者的考試，也有許多類似的考題。所以我便想著，**「這樣就可以記一次用很多地方」**而決定同時報考。

一般來說，可能會選擇第一年先取得宅建士證照，隔年再挑戰其他證照。然而，這樣的方式卻有個難以避免的風險。

那就是「忘記」這件事。

宅建士考試在10月、公寓大廈事務管理人員考試日在11月、管理業務主任考試則是在12月。假設等隔年再去報考，**那麼就得在考完宅建士考試後，想辦法維持記憶長達一年的時間。**

如果任其全部忘光光，那結果來說，就跟從頭準備考試沒什麼兩樣。既然如此，不如去報考與宅建士考試相隔僅一個月的公寓大廈事務管理人員考試，**在忘記前徹底活用宅建士考試時所記下的知識**。

同時報考時提升勝率的3大關鍵

在決定報考不同考試時，我最先做的事就是**決定第一志願**。同時報考不同證照，絕對要避免「全數落榜」的慘劇發生。

因此，我會先選出絕對要合格的「第一志願」，投注九十九%的精力做準備。

以我的狀況來說便是宅建士證照，所以當時**幾乎所有心力都用在準備宅建士證照考試**。所幸，宅建士的考試日期也最早，可以心無旁騖備考。在考完宅建士後約一個月期間，則專注於準備公寓大廈事務管理人員的考試，接著在那之後約一個星期，全心投入管理業務主任的考試。

乍看有勇無謀的我，其實充分擁有合格的勝算。

關鍵點①將共通範圍化為擅長領域

在我報考的這幾項證照中，民法是都會出現的共通科目。所以在準備宅建士的考試時，我**特別著重在讀民法，將其變成自己能夠大幅得分的擅長領域**。如此一來，在準備其他考試時，便能省下重新讀民法的時間，運用在其他科目上。

關鍵點②熟悉考場的氛圍

透過報考多項考試，也能夠慢慢習慣考場的氛圍。模擬考試跟正式考試的緊張感截然不同，因此，**進入考場的經驗越多，越能緩解正式考試時的緊張感**。

以我本身來說，大概在考過兩次試以後，就比較能夠從容赴試。

關鍵點③首要目標以外都「佛系應考」

對我來說，雖然同時報考多項考試，但基本上還是以「第一志願」為主來進行準備，其他則是以**「事先為明年考試勘查」的心態去應試**。先調整好心態，便不會影響「第一志願」的讀書計畫，避免全數落榜的局面。

然而，畢竟是付了錢去考試，還是要盡可能用功準備，增加同時合格的機率。

但是，請**不要對所有報考的項目都全力以赴，分散注意力的結果，很有可能導致第一志願落榜**。先以考過第一志願為大前提，餘力再準備其他考試。

當「第一志願」先考——集中全力在首要目標上

接下來會以我實際經歷過的考試日程為例進行解說。

- 宅地建物取引士（考試日期：10月21日）
- 公寓大廈事務管理人員（考試日期：11月25日）
- 管理業務主任（考試日期：12月2日）

集中火力在「第一志願」

以我的情況來說，在宅建士10月21日考完以前，我全心都在研讀宅建士的考試項目，其他完全沒有去碰，只有在心中提醒自己加強著重在民法等共通科目上。

接著在宅建士考試結束後，我立刻轉身投入公寓大廈事務管理人員的考試。此時，**宅建士考試的民法相關知識還記憶猶新，所以比較著重在讀接下來兩場考試的共通科目（有關建築物的區分及所有權等相關的法律）**。

然後在考完11月25日的公寓大廈事務管理人員之後，便開始準備12月初的管理業務主任考試。

此時離考試日只剩短短一個禮拜。因為之前讀過的民法及區分所有法都還記得，**便將重點放在其他能拿分的範圍，花一星期全力苦讀**，參加12月2日的考試。

就像這樣，同時報考相似的證照，便能將一切所學的知識發揮得淋漓盡致。雖然感覺有點胡來，但卻是我實際實踐過、非常有效率的準備方式。

當「第一志願」後考——考前一個月再開始讀次要目標

相信有很多人會問：「但假如第一志願比較晚考，就很難同時準備了吧？」

的確，第一志願最早考的話，規劃讀書排程相對容易許多。**然而即使比較晚考也沒有問題**，以下為我實際的報考經驗。

- 2級金融規劃技術員（考試日期：5月26日）
- 商業實務法務檢定®2級（考試日期：6月30日）
- 行政書士（考試日期：11月10日）

我之所以同時報考這三個證照考試，主要有兩個很大的理由。

理由①提升第一志願的合格率

我的首要目標當然是行政書士。同時報考二級金融規劃技術員，以及商業實務法務檢定考試®二級的考試，只是為了加深對知識的了解範圍。

行政書士的考試中有一門「業務知識」，如果想要拿到證照，必須通過這個科目的最低門檻，若成績未達滿分的四十％，即便其他科目滿分也不及格。

「業務知識」聽起來不難，但出題範圍其實非常廣泛艱深，也是造成行政書士合格率下降的主因之一。為了解決這個問題，我決定**透過同時報考其他法律相關的考試，擴大學習範圍來提升合格率**。

理由②調整大腦到最佳狀態

前一年同時報考三個考試後，我深刻感受到一次準備多項考試，能夠有效提升大腦的運作狀態。當時「公寓大廈事務管理人員」和「管理業務主任」的考試只間隔不到一個星期，一般來說，要在如此短的期間內備考並合格，幾乎是天方夜譚。

但我還是順利合格了。因為當時我從準備宅建士的考試開始就持續在讀書，**大腦已經徹底調整到最佳狀態，能夠在正式考試時發揮出百分百的成效**。

同時，因為在短期間內進行多項考試，也有助於習慣考場的緊張感，正式上場時幾乎不會緊張。這些都是同時報考多項考試為我帶來的好處。

當我在準備行政書士考試時，已經先經歷了二級金融規劃技術員及商業實務法務檢定®二級的前哨戰。

日本賽馬界有一個賽前賽的機制，也就是為了讓選手與馬匹能夠維持最佳狀態出賽，於正式賽事的數週前，先行參加類似條件的比賽。

要在一年一度的重要場合順利表現出最佳狀態，其實是很困難的事。還不如多經歷幾次前哨戰，藉此調整正式上場時的身心狀態。

以我自身的狀況來說，正是託了前面兩場前哨戰的福，才得以用最佳狀態面對行政書士考試。

接下來會向各位介紹我當時實際執行的讀書計畫。

全力衝刺第一志願到考前一個月

即便第一志願的考試日期比較晚，備考時還是以第一志願的考試內容為主。其他報考的項目，則是從考試日前大約一個月開始備考。以我的例子來說，先花一個月同時準備行政書士及二級金融規劃技術員，再花一個月同時準備行政書士及商業實務法務檢定考試®二級。

當然，同時準備不同考試的負擔很大，**所以在準備行政書士考試時，原則上以「不忘記現有記憶」為主，也就是專心「維持現狀」**。

不硬是超前進度，而是以一定週期為頻率不斷複習、加深記憶。如此一來，在準備其他考試時，**也能夠迴避掉忘記行政書士內容的風險**。

雖然同時在準備二級金融規劃技術員及商業實務法務檢定考試®二級的考試，但首要目標終究還是行政書士。不要花過多時間專注於其他考試，在能力所及的範圍內準備就可以了。

重要的是內心要做好「最糟就是行政書士以外全部落榜」的心理建設。

透過這樣的備考方式，我也因此得以連續兩年，成功在一年內考取三項證照。在那兩年當中，我沒有補習或上過任何課程，**僅是靠市售的題庫及參考書便成功合格了**。連大學學歷都沒有的我，之所以能夠通過考試的原因，就在於本書中介紹的大量記憶法。

雖然市面上有許多針對證照考試的補習班，或是所費不貲的教材，但我親身證明了即便只靠書店販售的測驗題庫及參考書，也能夠成功考取證照這件事。

當「第一志願」考試日較晚

1 先專心準備
第一志願的考試

2 考前一個月
開始準備第二志願

3 同時備考時
第一志願以複習為主

4 第二志願考完後
專注準備第一志願

不要立下破釜沉舟的誓言

有些人會在下定決心報考後，訂定如同「成功合格前絕不喝酒！」等嚴格的誓言。但我其實不怎麼推薦這種作法。

如果是考高中或大學這類半強制參加的考試，或許還可行，但如果是在**「隨時可以反悔」的考試上，這樣反而會出現反效果**。假設不小心破戒喝到酒，就會產生強烈的自我厭惡感，甚至因此放棄考試。

在先前也有提及，想要持之以恆學習，最重要的事情在於**「盡可能保持跟平常一樣的狀態」**。若是工作及私生活的步調被打亂，會讓人感受到極大的壓力。因此，如何在維持目前生活步調的前提下，悄悄將學習帶入生活就非常的重要。

給「家有考生」的人們

我之所以能在短期間內取得九張證照，不單只是因為找到適合自己的讀書方法，更在於身邊有給予許多支持的家人。

當時尚未有小孩，所以過著只有夫婦兩人的生活。妻子在我開始一邊工作一邊備考的時候，給予我許多照顧。我對妻子最感謝的地方，在於她總是寬容對待當時身為考生的我。

許多家有考生的家庭，經常都會詢問我「該給予什麼樣的協助呢？」

然而**最重要的不在於「為考生做什麼」，而是在於「如何對待考生」**。

有一天我下班回家時，因為處於工作及讀書的壓力巔峰，沒有心情吃晚餐，而妻子聽到後也只是普通回了一句「好，我知道了」就獨自吃飯。而我則回到自己的房間繼續讀書。後來讀書有些進展後，心情回復平靜的我走出了房門。當時已經過了晚上十二點，妻子也已經去就寢了。我因為肚子餓去到廚房，發現有一個蓋著鍋蓋的鍋子，打開鍋蓋發現是有著豐富蔬菜的咖哩，並且散發著非常誘人的香氣。在那瞬間我突然恍然大悟。

深深感謝妻子的溫柔體貼

其實那個咖哩是我當天早上出門前，特別跟妻子拜託說「今天好想吃咖哩」而煮的。顧慮到我的健康，她放入了許多紅蘿蔔及洋蔥等蔬菜，花很多時間慢慢燉煮。但是我卻因為自己的心情而忽視這一切，甚至煩躁地表示「我不想吃」。

對於這樣無理的我，妻子非但沒有用「是你說要吃我才煮的！」這樣合理的理由責備我，只是溫柔而寬容地說了一句「好，我知道了」。

當我意識到這一點的時候，對妻子的感謝之意有如潮水般湧了上來。

隔天我對妻子表達了深摯的感謝，而妻子則露出笑容對我說：「隔了一夜，今天的咖哩更好吃喔。」

我打從內心誠摯感謝我的妻子。

除了上述情節之外，在備考時期我也時常因為壓力而感到煩躁不已。面對那樣的我，妻子從來不會用言語責難、而是用宛若安慰小孩子般的溫柔態度對待我。

之後向妻子打聽當時的心境，妻子也只是不以為然地說「考生煩躁很正常，只要不太過分，在備考期間不要太在意，平常心對待就好了」，如此為我著想。

除了感謝，沒有更多言語表達。

感謝妻子接納了情緒起伏不定的我。

結語

改變我人生的恩人

非常感謝各位讀者閱讀至此。

最後想要跟各位介紹改變我一生的恩人。

我的故鄉飯田市位於長野縣南邊，是個以「蘋果」以及七年一度的大型慶典「飯田御練祭典（舞獅的祭典）」而聞名的地方。然而受到少子化的影響，小學時從我那一屆開始，學校多為一個年級一個班級，每班只有四十位同學。對於在大城市的人而言是難以相信的人數。

我就讀的小學是個有著悠久歷史校舍的學校。長野縣有一個名為「靜默打掃」，讓學生安靜完成清掃工作的傳統，我的小學是個奉行這項傳統的優良小學。

在我的小學時代中，有一位改變了我的人生，名為「小達」的友人。小達是非常開朗有趣的男孩子。當時紅白機剛發售，我跟他時常窩在家裡一起打電動。

我的成績大概是略高於平均值的普通程度，而小達的腦袋非常優秀，總是可以拿到很好的成績。但與其說他是與生俱來的天才，倒不如說是「認真努力」的用功型優等生。

小學六年之間我們一直是同班同學，然而升上國中之後，因為班級數量增加成四班，和小達也分開了，彼此的交集越來越少。

我在國中時加入了網球社，還參加過縣賽，所以選擇了注重社團表現的高中入學；小達則進入了當地最重視升學的好成績高中，此後我們便幾乎沒有再聯絡。

在高中畢業後，我就讀專門學校的遊戲設計課程。我的影片中頻繁使用許多遊戲風格的表現方式，就是因為我以前是學遊戲設計的關係。

學校畢業後經過了許多事情，我任職於上市企業的不動產公司，跑業務的業績也逐步成長至全國第一。

當時我並未持有任何證照，但因為業績優良，某種程度上也算是平步青雲。老實說，當時我並不認為有任何需要考取證照的理由。

小達正在拯救人命，而我呢？

在臉書剛問世、風行全世界的時候，我也試著註冊開始使用。臉書有個雞婆的功能，只要檢索手機號碼等各種資訊，就會自動跳出「可能認識的人」。

我本身不喜歡這個功能，但某次剛好看到名單中有「小達」的名字。忍不住在意起以前的朋友現在過得如何，便抱著輕鬆的心情點入了小達的帳號。

「小達」成為了醫生，而且是專門研究癌症的醫生。臉書上的最新發文是他參加癌症研究會的照片。

我在看到那則貼文的瞬間，受到了青天霹靂般的衝擊。

雖然小達從以前就很會讀書，但要成為醫生勢必還是必須付出極大的努力，更何況是專門研究癌症的醫生，從事著能幫上許多人的工作。

相較之下，反觀現在的自己是如何呢？

確實我可能拿到了許多不動產的成交契約。

但我卻因此安於現狀而缺乏上進心。

明明只是抓住訣竅完成工作罷了。

這樣下去真的好嗎？

自己也要更加努力，擁有能夠幫助他人的力量才行。

現在的我能夠做些什麼？

我不斷重複這樣的自問自答，隔天馬上跑到書店購買了宅建士證照的參考書。

然而那是在我開始使用大量記憶法之前的事，雖然以失敗收場，但我也成功在之後一雪前恥考取到證照。

雖然至今尚未跟小達重逢，但是若有機會，我想親口跟他說：「謝謝你。」

小達本人並不知道自己如此深刻影響著我，但若不是小時候跟小達結成死黨，而且偶然在臉書上看到的話，就不會造就出今天的我了。

這一個偶然引發的小小契機，也是改變我人生的故事。

想傳達給未來考生的事項

閱讀本書的各位讀者，應該都是為了不同的動機而準備參加考試。

・想要提升技能
・想要更加上進
・想要加薪
・希望能獨立自主
・想要找工作或轉職

相信許多人都有上述這些想法，但大多僅停留在「想」的階段而已。然而，相信閱讀本書至此的各位，一定都會將想法化為實際行動。

工作、學校、家事、育兒等等，雖然背負許多辛苦的責任，但若能夠抱持著努力嘗試看看的心情，便能往前踏出更大的一步。

在現今這個時代，資訊已經不再是武器，隨意在網路上搜尋都能找到許多。

行動力跟持之以恆的決心，才是在這個時代生存下去的武器。

努力的身影，會對許多人產生正面積極的影響力。

猶如改變我人生的友人。

「努力必定會有回報」這句話，對於已經很努力的人來說，可能會覺得只是「不負責任的空話」。

我在考生時期也曾經這麼認為。

然而，對於經歷過合格與不合格的我來說，唯有一件事情可以拍胸脯保證。

「努力不一定會有回報，

但相信努力會有回報而付出努力的人，回報必定會到來。」

我無法預測各位讀者在這之後挑戰的結果。

但是我強烈相信各位的努力絕對會有回報的一天。

我們所學習到的事物、領略到的知識都會變成未來的資產。

不論考試的結果如何，這都是無法動搖的事實。
正因如此，請務必放手去挑戰。

最後，我想告訴即將挑戰各種考試的人。
與其祈求「考試合格」，不如讓自己成功「戰勝考試」。
・考試當天能夠自信說出「能做的事我都已經做了」
・考試結束後能夠滿足於自己「已經盡了全力」

這便是「戰勝考試」的意涵所在。
非常感謝各位將本書閱讀到最後。

棚田　健大郎

台灣廣廈國際出版集團
Taiwan Mansion International Group

國家圖書館出版品預行編目（CIP）資料

制霸考場！1張紙最強記憶學習法: Amazon檢定考用書暢銷Top1！升學考、國考、證照檢定都適用！以「記憶週期」分配複習頻率，打造「輕鬆記住海量資訊」的致勝學霸腦 / 棚田健大郎著；彭琬婷翻譯. -- 初版. -- 新北市：財經傳訊出版社, 2023.03
面； 公分
ISBN 978-626-7197-16-5(平裝)
1.CST: 學習方法 2.CST: 記憶

521.1 112001536

財經傳訊
TIME & MONEY

制霸考場！1張紙最強記憶學習法

Amazon檢定考用書暢銷Top1！升學考、國考、證照檢定都適用！以「記憶週期」分配複習頻率，打造「輕鬆記住海量資訊」的致勝學霸腦

作　　者／棚田健大郎
翻　　譯／彭琬婷
編輯中心編輯長／張秀環・**編輯**／蔡沐晨
封面設計／曾詩涵・**內頁排版**／菩薩蠻數位文化有限公司
製版・印刷・裝訂／東豪・弼聖・秉成

行企研發中心總監／陳冠蒨
媒體公關組／陳柔彣
綜合業務組／何欣穎
線上學習中心總監／陳冠蒨
數位營運組／顏佑婷
企製開發組／江季珊

發 行 人／江媛珍
法 律 顧 問／第一國際法律事務所 余淑杏律師・北辰著作權事務所 蕭雄淋律師
出　　版／財經傳訊
發　　行／台灣廣廈有聲圖書有限公司
地址：新北市235中和區中山路二段359巷7號2樓
電話：（886）2-2225-5777・傳真：（886）2-2225-8052

代理印務・全球總經銷／知遠文化事業有限公司
地址：新北市222深坑區北深路三段155巷25號5樓
電話：（886）2-2664-8800・傳真：（886）2-2664-8801
郵 政 劃 撥／劃撥帳號：18836722
劃撥戶名：知遠文化事業有限公司（※單次購書金額未達1000元，請另付70元郵資。）

■出版日期：2023年03月
ISBN：978-626-7197-16-5

鐵粉狂下單社群經營變現術

業績破億的電商女王教你打造品牌、創造互動率、粉絲養成、訂定價格策略，不用爆紅、不是KOL也能賺大錢！

作者｜藤AYA　譯者｜鍾雅茜　定價｜350元

電商人妻孔翊緹誠摯推薦，全面掌握社群經營變現的商機！
為何粉絲少反而賺更多？本書教你新時代「鐵粉經濟學」的成功祕密，第一本以「具體實例應用、完整操作流程」為本、完整公開「用社群網站賺錢」的教戰手冊。讓追蹤者變成鐵粉、賣什麼都會狂下單！

如何在FB、YouTube、IG做出爆紅影片

會用手機就會做！日本廣告大獎得主教你從企劃、製作到網路宣傳的最強攻略

作者｜中澤良直　譯者｜胡汶廷　定價｜399元

你知道現在是「社群媒體」的時代，但長期經營的FB、YouTube頻道、IG總是沒人看？片行銷，是現在「最便宜」且「最具威力」的行銷工具！日本資深廣告總監首度公開，快速啟動「顧客購買慾」的影片製作技巧，零基礎也能做出「引導馬上下單」的行銷短片。不需要專業團隊、不用懂攝影器材、不必學行銷知識，只要手中有智慧型手機，你也做得到！

第一本社群行銷實戰攻略

提高營收、創造流量、粉絲激增！從行銷設計、社群經營、到媒體傳播，一步步教你掌握「網路時代最有效行銷法則」的日常實務工具書，不花錢、零經驗也能成功打造品牌、締造長紅業績！

作者｜帥健翔　譯者｜李亞妮　定價｜399元

別再「盲投」網路廣告！本書教你用真正符合時代需求的「行銷技巧」× 提升媒體曝光的「香檳塔法則」× 提高營業額的「AISAS購買模式」，締造長紅業績！

百萬點擊的寫作法則

點閱率破7億！點擊之神教你文案爆紅10大公式，
從吸睛標題到不敗主題一次搞定！

作者｜慎益秀　譯者｜陳思妤　定價｜360元

金牌文案團隊的「百萬點擊寫作技巧」首度公開！
不需要從頭培養文字力、不用花大錢學行銷寫作，
無論你是零基礎、還是資深寫手，只要翻開書、套用流量公式，
都能寫出讓人心癢難耐的熱門金句，輕鬆突破百萬點閱率！

人人都學得會的App Inventor 2初學入門【附APP專案範例檔】

17個專案實戰演練，從娛樂學習到生活應用，
自學APP設計一本搞定！

作者｜贊贊小屋　定價｜420元

自學APP設計不求人！零基礎也學得會！本書一步一步教你怎麼做！大AI時代，賈伯斯、比爾・蓋茲、馬克・祖克伯都主張：「每個人都該具備程式設計的能力！」從認識App Inventor 2介面到學會透過App匯入與匯出雲端資料，搭配17個基礎到進階專案練習，讓你神速開發出你的第一個手機App！

圈粉百萬的故事法則

會說故事的人，先成功！
美國演說女王教你用十個簡單祕訣抓住聽眾

作者｜唐娜・諾里斯　譯者｜楊雯祺　定價｜320元

故事革命創辦人／李洛克・華語首席故事教練／許榮哲・SUPER教師、暢銷作家／歐陽立中——重磅推薦！
★美國亞馬遜讀者4.5星高分評價★
有聲媒體YouTube、Podcast、Clubhouse當道的時代，
想要經營個人品牌，你要先學會如何說出一個吸引人的好故事！
本書教你用十個祕訣打造好故事。一開口，全世界都想聽你說！

這樣帶人，解決90%主管煩惱

8大職場面向×47種情境難題，
培養管理者領導力，創造高效互信團隊的實戰指南！

作者｜朴鎭漢等九人　譯者｜葛瑞絲　定價｜380元

★韓國YES24讀者滿分好評★
跨界CrossOver創辦人少女凱倫、筆記女王Ada（林珮玲）
——推薦給所有茫然又鬱悶的菜鳥主管們！
第一本集合九位精通「領導力」開發與培訓的專家，為總是孤軍奮戰「解決下屬麻煩、提升團隊績效、面對老闆壓力」的你，寫下身為「新時代團隊領導人」真正需要的工作指引！

100年人生規劃曆（附1930-2129特製百年曆）

從出生日算出「人生時鐘」，編排未來可運用時間，活出自己想要的生命亮度

作者｜大住力　譯者｜鍾雅茜　定價｜399元

如果今天是人生最後一天，你能夠打從心底大聲說出：「這輩子已經沒有遺憾」嗎？——《祕密》系列譯者王莉莉、明淳說創辦人蔡明淳、閱讀人主編鄭俊德，一致推薦！成功幫助超過10萬人翻轉生涯，一本連結過去˙現在˙未來的「百年曆」，帶你透過六大元素啟動「當下的力量」，曾經遙不可及的夢想，寫上去後都逐一實踐！